VEILLÉES JOVIALES

ÉMILE COLIN. — IMPRIMERIE DE LAGNY.

ARMAND SILVESTRE

VEILLÉES JOVIALES

PARIS
A LA LIBRAIRIE ILLUSTRÉE
8, RUE SAINT-JOSEPH, 8

FABLIAU D'AMOUR

FABLIAU D'AMOUR

I

Ah! que la bégueulerie contemporaine me fait rire ou, tout au moins, sa prétention à la morale! En cet admirable et montueux pays d'Argelès, où je savoure des paresses infinies, au bruit murmurant des gaves, sous le souffle rythmique des bambous qui en font, par places, un paysage japonais, en attendant que l'archet de Danbé réveille les rossignols sous la clarté d'argent des étoiles, je lis et relis les vieilles légendes qui ont amusé nos pères, qui tour à tour les ont fait rire et pleurer et je me délecte à cette naïveté d'impressions, laquelle ne se retrouve pas ailleurs, et est comme une saveur de race, un goût de terroir. Et c'est cela dont on nous voudrait soulager, comme d'une cangue ! C'est cette liberté exquise de tout dire dont on voudrait priver l'esprit français ! Cette belle et ingénieuse gaieté nous a-t-elle empêchés d'être un bon peuple de soldats et la patrie des plus nobles esprits ! Et avons-nous moins gardé les nobles et graves traditions latines, et le sel des Gaules a-t-il donc empoisonné notre sang latin ? Bien au contraire, y a-t-il mis, j'imagine, le ferment qui conserve et réchauffe. Ils m'inspirent autant de vénération que des missels, ces vieux livres dont la gothique écriture me charme les yeux, et il me semble que, sous leur poussière, a longtemps dormi, comme un papillon sous le pollen de ses ailes, le meilleur de l'esprit de nos aïeux.

De ces contes il n'en est aucun, de la Provence au Languedoc, qui ait eu le retentissement populaire de celui du comte Raymond, de Madona Marguerite, sa femme, et de Guillaume de Cabstaing, fils d'un pauvre chevalier. Le dénouement en est le plus dramatique du monde et surtout connu. Mais le début, dans la version que j'ai sous les yeux, en est bien ce que je sais de plus gracieux et de plus amusant au monde. On y verra comment nos pères oubliaient la jalousie même pour se faire de bons tours. Et d'abord, l'époque adorable que celle de ce récit ! L'amour fut le plus charmant et le plus païen des cultes, dans tout le Midi de la

France, avant que l'armée des croisés et l'odieux saint Dominique, dont on montre le Christ de bois à Saint-Sernin, fissent la conquête de Toulouse. Culte un peu idéal peut-être ; car il se composait d'une série de cérémonies lesquelles nous paraîtraient aujourd'hui prodigieusement innocentes. Et on nous parle de la morale supérieure du temps où nous sommes condamnés à vivre, nous les ridicules contemporains d'un Bérenger ! Mais, en ce temps décrié dont je parle, on n'arrivait qu'après un long stage à baiser la main de sa maîtresse, et souvent un pèlerinage de plusieurs années en Palestine était la condition de cette faveur. L'avancement était long, d'ailleurs, pour passer du grade ainsi obtenu aux grades suivants, si bien que les amants qui n'étaient promus qu'à l'ancienneté avaient besoin de vivre aussi longtemps que les patriarches pour obtenir le bâton de maréchal que nous portons tous aujourd'hui dans notre giberne, à la condition de retourner notre ceinture.

Heureusement qu'il y avait aussi l'avancement au choix, et tel avait été celui de Guillaume Cabstaing dans le corps... ah ! diable ! mes métaphores militaires deviennent dangereuses.... mais « dans l'armée » serait encore plus inconvenant !... disons donc dans « les faveurs » de Madona Margarita, femme du comte Raymond, « la plus belle femme que l'on connût en ce temps et la plus douée de toute belle qualité », dit le texte. L'entente s'était faite, entre eux, le plus simplement du monde, sans voyage préliminaire au tombeau de Notre-Seigneur. Écoutez plutôt leur premier entretien : — « Or çà,

Guillaume, si une femme te faisait semblant d'amour, oserais-tu bien l'aimer? » avait demandé la dame; et Guillaume avait répondu sans hésiter : — « Oui bien ferais-je, madame, pourvu seulement que le semblant fût vérité ! »

Or il paraît que le doute ne fut pas longtemps permis au galant écuyer. Comme la comédie au drame dans la vie, le mensonge, dans l'amour, souvent confine à la vérité. Il est telle caresse qui ne trompe qu'à demi, puisqu'elle cause une immense joie, qu'elle vienne simplement des lèvres ou du fond du cœur. Et puis, ne sommes-nous pas constamment dupes de nos propres tendresses ? Que de fois nous aimons sans le savoir et que de fois aussi nous croyons aimer sans avoir le droit de le dire ! La seule illusion de l'amour est si belle qu'on est toujours excusable de la prendre pour la réalité. Un jour, la dame dit à Guillaume : — « Or çà, Guillaume, dis-moi, t'es-tu, à cette heure, aperçu de mes semblants, s'ils sont véritables ou mensongers ? » — « Madona, répondit Guillaume, ainsi Dieu me soit en aide, du moment en ça que j'ai été votre servant il ne m'a pu entrer au cœur nulle pensée que vous ne fussiez la meilleure qui onc nacquit, et la plus véritable et en paroles et en semblants. » Après cet échange d'idées, comme on dit en diplomatie, il fut convenu que ce ne serait plus pour rire et par simulacre qu'on ferait le comte Raymond cocu. Et tout de suite le bon sacrement qui nous mitre de cornes lui ayant été octroyé, Guillaume, avec une discrétion professionnelle digne de louanges, commença de pousser des *sanctus!* des *hosannah!* des *nunc dimittis!* et de chanter une telle messe en musique d'actions de grâces que le vacarme en vint bien vite aux oreilles de monseigneur Raymond qui trouva du plus mauvais goût cette liturgie.

II

Or, un jour, qu'après antiennes, ce bavard de Guillaume était allé chasser l'épervier dans la montagne, monseigneur Raymond l'y rejoignit et, au lieu de se mettre en colère, lui demanda bien simplement : — « Or çà, Guillaume, dis-moi, ne serais-tu pas amoureux ? » — « Si fait, monseigneur », répondit le cavalier dont la franchise était décidément la qualité primordiale et avec une rondeur toute militaire. — « Et de qui ? » — « Pas si sot que de vous le dire ! J'ai d'ailleurs pour conseiller de mon silence le bon poète Bernard de Ventadour qui a très sagement écrit :

> Cela ne me semble pas bonne doctrine,
> Mais plutôt folie et acte d'enfant,
> Que quiconque est bien traité en amour
> En veuille ouvrir son cœur à un autre homme,
> A moins qu'il ne puisse le servir et l'aider...

— « C'est bien parbleu le cas ! s'écria le comte, c'est justement pour t'aider et te servir que je te demande cela. »

Tant d'obligeance désarma Guillaume et comme

il avait au moins autant de délicatesse dans l'esprit que de loyauté naturelle, il n'hésita pas à déclarer à son interlocuteur qu'il mourait d'amour pour dame Agnès, sœur de Madona Margarita et femme du comte Robert de Tarascon. En voilà un, au moins, qui ne craignait pas de compromettre les femmes quand elles ne lui étaient de rien! Ce Robert était l'ami intime de Raymond, ce qui n'empêcha pas celui-ci de se frotter les mains à cette nouvelle et de promettre à Guillaume qu'il ferait de son mieux pour l'aider à réussir. Et de fait, sans perdre une minute, il l'emmena au château de Robert, lequel était proche, et ce leur fut bien charmante promenade au grand trot de leurs haquenées. Je cite textuellement maintenant. « Et monseigneur Raymond prit madame Agnès par la main, il l'amena dans la chambre et ils s'assirent sur le lit. « Maintenant, dites-moi, belle-sœur, par la foi que vous me devez, aimez-vous d'amour? — Oui, seigneur, dit-elle. — Et qui? fit-il. — Oh! cela, je ne vous le dis pas et quel discours me tenez-vous là! » Ce diable de Raymond fut si fin dans son interrogatoire que dame Agnès comprit bien vite qu'il s'agissait de sauver sa sœur à tout prix et pour lui faire plaisir, elle lui avoua qu'elle adorait Guillaume. — « Dieu soit loué! s'écria Raymond. Et il s'en fut dire à Guillaume : — Vous savez, ne vous gênez pas! »

O temps de franchise admirable et bien lointain du nôtre! Je cite encore textuellement : « Dame Agnès conta tout à son mari, et le mari lui répondit qu'elle avait bien fait et lui donna parole qu'elle avait la liberté de taire ou dire tout ce qui pourrait sauver sa sœur Marguerite et ce tant précieux Guillaume. Agnès n'y manqua pas. Elle appela Guillaume dans sa chambre, tout seul, et resta tant avec lui que Raymond pensa qu'il avait eu d'elle plaisir d'amour. Et tout cela lui plaisait, et il commença à penser que ce qu'on avait dit de lui n'était pas vrai et qu'on parlait en l'air. Agnès et Guillaume sortirent de la chambre, la soupe fut préparée et l'on soupa en grande gaieté. Et, après le souper, Agnès fit préparer le lit des deux, proche de la porte de sa chambre et si bien firent, de semblant en semblant, que Raymond crut qu'il couchait avec elle... Et le lendemain, ils dînèrent encore au château avec grande allégresse et, après dîner, ils partirent avec tous les honneurs d'un noble congé... »

III

Eh bien ! ne trouvez-vous pas que voilà une jolie fin de comédie ? Ces deux frères d'armes, Raymond et Robert, ces deux preux dont chacun s'emploie au cocuage de l'autre et s'en divertit ; ce noble seigneur qui mène un galant à la femme de son ami, et cet ami qui se prête de grand cœur à cette plaisanterie, pourvu que l'autre ne cesse pas d'être ridicule. Avouez que voilà de bonnes gens, de mœurs aimables et avec qui il devait être fort agréable de vivre. Quels joyeux compères que ce

Robert et que ce Raymond, sous leurs armures de fer ! Ce Raymond s'amuse-t-il assez du déshonneur de son beau-frère ! Et ce Robert foule-t-il assez aux pieds les préjugés conjugaux, pourvu qu'il fasse une bonne farce à son allié !

Voilà pourtant ce qu'étaient nos aïeux avant que saint Dominique, puis la politique, enfin la ligue nouvelle des moralistes délateurs fissent, de leur indigne postérité, la race ennuyeuse et morose que nous deviendrions certainement si quelques-uns ne protestaient au nom de ces deux immortelles choses qui sont le bon sens et la gaieté.

JOUR SANS NUIT

JOUR SANS NUIT

I

C'était l'heure tranquille où les amants de quelque ferveur, fuyant la ville où le pavé brûle encore, s'en viennent chercher quelque décor bien frais de paysage, avec un murmure d'eau courante, où la lune montante met un innombrable frisson d'argent. Derrière un rideau de joncs qu'épaississaient à la base des feuilles plus larges, et pareilles à des lames d'épées, des iris, défleuris, par un chemin très étroit et sinueux dont une saulaie aux troncs creux, où s'endormait le vol sonore des abeilles, guidait le caprice, nous marchions, obligés de dénouer souvent nos bras, tant la route était petite, mais nous pouvions marcher de front. Ainsi respirai-je lentement l'arome puissant de sa belle chevelure noire, d'où la nuit semblait monter dans le ciel, au lieu d'en descendre, et le souffle caressant de sa bouche où le sourire mettait des lumières d'étoiles. En sa toilette très légère, et demi-flottante, elle semblait une sœur égarée des Glycères et des Amaryllis, et plus encore, en la majesté de ses traits où revivait la grâce antique, en une impression infinie de pureté. Et, sans lui rien dire, près d'elle, je reprenais mon rêve de ressuscité des anciens âges, de fantôme vivant de quelque berger théocritien retrouvant en ce coin de nature suburbaine, au bord du moindre ruisseau, un écho lointain de la mer Syracusaine. C'est que nous étions seuls, si seuls, que toutes les fantaisies me semblaient permises. Aussi lui dis-je bien innocemment :

— Que ne faites-vous comme Chloé, mon amie, en la divine pastorale de Longus, en vous déchaussant pour livrer l'ivoire de vos pieds aux baisers de cette eau courante !

Très innocemment, elle me répondit :

— C'est que ce n'est pas aux pieds que j'ai surtout chaud.

Et nous nous assîmes l'un près de l'autre, sur une large pierre que veloutaient des mousses roussies, et elle me dit encore :

— Comme ce serait joli une nuit qui durerait toujours ! Ne m'avez-vous pas conté, qu'à cette époque de l'année, en Finlande, le jour ne finissait pas?

— Certes, j'ai vu cela et j'en ai conservé une impression que je ne saurais dire.

— Tentez de me l'exprimer, cependant.

Je poussai un gros soupir, car j'eusse infiniment mieux exprimé autre chose qu'un souvenir de voyage. Mais obéir à sa bonne amie est le premier des devoirs ; et puis j'avais à lui rappeler qu'en ce temps-là je l'aimais déjà et faisais de loin, à l'ombre des kremlins ensoleillés et sur les lacs aux îles de sapins et de bouleaux, des vers pour elle. Donc, cependant qu'elle élargissait l'échancrure de son corsage pour respirer plus à l'aise, et qu'elle soulevait ses jupes légères pour y donner aux brises leurs petites entrées, je commençai mon récit :

II

C'est à Imatra, près des chutes célèbres, que je vis cette merveille du jour sans nuit. On y parvient par une façon de surprise du passage. Un instant auparavant, on marchait encore dans l'herbe fleurie. Tout à coup, un grondement, quelque chose comme le bruit de la mer, mais plus sombre, dans l'éclat de rire ironique et argentin des vagues. Un bruit d'eau cependant, d'eau qui tombe et se brise. Sans qu'on voie rien encore, un vacarme croissant. Le terrain s'escarpe tout à coup et c'est à vos pieds comme une chevauchée de cavales furieuses escaladant les croupes les unes des autres avec des ruades, laissant en l'air, derrière elles, une poussière de diamant.

Aux endroits où le roc se resserre, c'est comme un entortillement plus calme de serpents monstrueux avec des replis fauves au soleil, se mordant et faisant jaillir subitement les mille têtes d'une hydre aux gueules vomissant la bave, dès que les rives se rapprochent de nouveau, hérissant de pierres aiguës cette route de damnés. Alors c'est une révolte sans nom, une colère indicible de vagues déferlant à la face les unes des autres, se heurtant comme des armures avec des éclairs, se crachant au visage, hurlant de mystérieuses injures. Tout ce vacarme vient de très haut et descend très bas, vous tenant suspendu comme dans une angoisse. Au-dessus, une nappe d'eau très calme, une bande d'azur argenté au manteau de l'horizon. Au-dessous, une agitation vite apaisée, comme une floraison de nénuphars lumineux qui se poursuivent et qui s'effacent.

C'est devant cet admirable spectacle que je passai une nuit entière qui ne fut que la continuation du jour. Etait-il minuit ou midi? Le souvenir seul de la journée passée me disait que c'était minuit. Mais il faisait grand jour et les ombres des choses ne s'étaient un instant allongées que pour se reprendre ensuite dans toute la netteté de leur contour. C'est l'impression la plus subtile des paysages du Nord, en cette saison, que cette clarté résistant aux révoltes de l'heure, que cette désobéissance à ce qui nous semblait une loi éternelle du temps. La lune est montée au ciel comme par habitude. Car ce n'est pas d'elle, assurément, que descend cette lumière dont tout est également baigné comme si les transparences d'un lac eussent enveloppé le monde. On se demande sur quel roc biblique Josué est debout, une main tendue vers le soleil. On n'évite l'effarement que par l'inconscience du phénomène, en se disant qu'on se trompe soi-même et que les montres ont menti. L'air est plus frais cependant et traversé de souffles franchement nocturnes. Ses fonds sont plus délicatement teintés et le ton de ces feux anémiés a quelque chose du mystère des apothéoses. L'orient et le couchant se colorent bientôt d'une identique façon. Tout déclin est-il donc une invisible aurore? Alors pourquoi pas l'âme immortelle, puisque la vie semble naître de la mort? Cette image du soleil plongeant à peine dans l'horizon pour reparaître aussitôt, chargé de flammes rajeunies, est ce que j'ai vu de plus émouvant au monde. Un réaliste comparerait volontiers ce phénomène à la chute d'un jaune d'œuf dans l'eau où, après avoir plongé un instant, il remonte immédiatement à la surface.

— J'aime moins cette image que les précédentes, me dit-elle en façon de critique affectueuse, cependant qu'elle remontait tout à fait ses jupons au-dessus de ses jarretières pour s'aérer délicatement les dessous.

— Et c'est alors, poursuivis-je avec feu, que je composai pour vous ce sonnet que vous ignorez peut-être :

Le soleil est tombé ; le soleil se relève,
Comme un soldat blessé, rapide, éclaboussant
L'or clair de l'horizon des perles de son sang,
Et flagellant le ciel des éclairs de son glaive.

Durant ce jour si long et cette nuit si brève,
Devant ces deux soleils l'un l'autre se chassant,
Ni l'astre qui renaît, ni l'astre qui descend,
Mais votre seul sourire illumine mon rêve.

Vous êtes la clarté qu'aucune ombre ne suit,
Et votre souvenir, comme le jour sans nuit,
Dans mes yeux éblouis reste vibrant encore.

Dans tout ce que je vois, c'est vous que je crois voir :
Votre robe aux longs plis a les pâleurs d'un soir ;
La nuit de vos cheveux a des clartés d'aurore.

— Charmant ! me dit-elle. Mais sa voix partait de la saulaie et elle n'était plus auprès de moi. Dans le mouvement lyrique dont j'avais accompagné mes vers, m'étant levé moi-même pour les mieux jeter aux étoiles, je ne m'étais pas aperçu qu'elle avait aussi quitté la pierre mousseuse, où nous étions assis l'un près de l'autre, un instant auparavant.

Le plus sommaire instinct de la délicatesse m'interdisait de la poursuivre pour connaître le secret motif de sa disparition. Non, jamais la mélancolie d'une subite solitude ne me heurta plus douloureusement au cœur !

III

Dans la saulaie claire, entre les joncs moins denses dont les lances s'écartaient par places comme celles de soldats en déroute, sur l'eau où la clarté lunaire semblait briser un miroir d'argent sur lequel se penchaient, comme autrefois, le visage alangui de Narcisse, les têtes curieuses des nénuphars, blanches avec du velours aux lèvres, suivant le serpentement du ruisseau entre ses rives de fleurs, une éclaircie s'ouvrait où mes regards, sans intention mauvaise, d'ailleurs, je le jure, se perdirent, ne portant en eux que le regret divin de l'absente. Or, tout à coup, une silhouette, une façon d'ombre chinoise d'abord, mais qui s'éclaira bientôt et prit de soudains reliefs, se tendit sur ce rideau de clarté vague, comme en un rêve d'abord, puis m'imposant une inspection parfaite et délicieuse de réalité. Non ! ce n'était pas les pieds, comme autrefois Chloé, que ma mie avait décidément envie de se rafraîchir. Car, se croyant seule assurément, dans une impénétrable oasis, je la vis écarter doucement les jambes, un pied sur chaque rive du ruisseau, trousser ses jupes par-dessus sa nuque, et tendre vers un rapide bain de siège une lune comme le ciel n'en a pas et que l'autre, sa sœur céleste, enveloppait d'un immense baiser de lumière. Mais l'eau était très froide sans doute ; car à peine le beau globe d'argent l'eut-il effleurée, qu'il s'en retira effarouché, l'ayant touchée à peine, comme le soleil de minuit, en Finlande, tombant puis se relevant des cascades d'Imatra. Et, comme ma mie, je pensais qu'une lune de midi serait bien plus charmante encore.

FIFI

FIFI

I

A René Gueullette.

Dans le grand vacarme forain où sonnait la grosse caisse, où éternuaient les cymbales, où glapissait la petite flûte et mugissaient les pincettes sonores du trombone, rythmant la musique endiablée des parades, parmi les hoquets des orgues mécaniques aux arrêts des chevaux de bois, des bruits sourds, régulièrement répétés, attirèrent mon attention et celle de mon camarade Pamphile. Des amateurs frappaient, avec une masse, sur une façon de billot élastique dont chaque affaissement faisait monter un taquet de bois le long d'une planche graduée comme un thermomètre. Quand le taquet montait jusqu'en haut, il donnait la liberté provisoire à un pigeon qui sortait d'une boîte pour entrer bientôt sous la blouse du gagnant, en attendant son entrée solennelle dans l'Académie des petits pois.

— « Essayez votre force, monsieur ! » criait au pied de cette vilaine machine un jean-foutre en chemise de flanelle qui, lui-même, essayait à son tour, pour encourager la clientèle.

— Ce singulier effet d'un oiseau délivré par un coup quelque part me rappelle une aventure qu'on me conta dans ma jeunesse, fit mon ami Pamphile.

Et, comme nous avions épuisé le cycle des lutteurs, comédiens en plein vent, avaleurs d'étoupes, acrobates, montreurs d'animaux savants, dompteurs de lions et de puces (ce m'est tout un dans mon mépris pour les bourreaux), femmes électriques, femmes poissons, Dupuytrens en voyage, regrettant fort qu'une bégueulerie sénatoriale nous privât de tâter les petits mollets des femmes colosses, nous nous assîmes, Pamphile et moi, un peu plus loin que cette cohue, plus près de la rivière qui coulait au bas de la promenade, sur un banc où bien des amoureux avaient écrit leurs noms enlacés, dans une délicieuse fraîcheur d'eau courante que traversaient des rayons de lune, ramenés à je ne sais quel recueillement très doux par cet éloignement des hommes et cet immortel repos de la nature. Et la rumeur de la fête n'étant plus qu'un halètement lointain de flot sur la grève, la constellation des lampions une clarté crépusculaire estompée de vagues fumées, mon camarade me fit le récit que voici :

II

Mon oncle Pistache — mon grand-oncle, s'entend ; car à peine l'ai-je connu fort vieux — était un des élégants du temps où la suprême élégance consistait à porter des culottes à pont. Il y a beaucoup à dire sur cet usage. Etait-il, oui ou non, plus décent que le nôtre? On m'assure qu'il était plus favorable aux amoureux pressés et tout à fait idoine aux joies coupables de l'adultère. Alors les jeunes gens seulement eussent dû en porter; car, pour les autres, ce n'est pas le temps de se déshabiller qui leur manque. L'habit bleu barbeau qui accompagnait le haut-de-chausse me semble aussi avoir été conçu pour éviter le retroussement importun d'une redingote. Ils n'étaient décidément pas bêtes, nos grands-parents. Vous connaissez maintenant le costume romain de mon oncle Pistache. J'ajouterai que sa culotte à pont était ordinairement de nuance changeante, ce qu'on appelle gorge de pigeon. Un vrai miroir à alouettes. Il était, avec cela, fort bien fait de sa personne et je ne m'explique pas encore, étant ajouté qu'il avait quelque bien, que le chevalier Galant-Minet, qui n'était, au demeurant, que de médiocre noblesse, lui refusât obstinément sa fille Antoinette dont le pauvre garçon était éperdument épris.

Et Antoinette? Oh! l'opposition ne venait pas d'elle, sans qu'elle eût, pour mon oncle Pistache, la moindre passion. Antoinette était une délicieuse fille, blonde comme un verre de bière, avec des cheveux qui moussaient et s'argentaient aux pointes, tant ils étaient clairs et fins, des yeux constellés qui semblaient en aventurine bleu pâle, une bouche mignarde comme un pastel, un corsage où les promesses commençaient à tenir et les nénés à tenir moins bien, des hanches déjà voluptueusement dessinées, une langueur bon enfant tout à fait amusante dans toute sa personne, un léger zézaiement qui donnait un charme de plus à son bavardage de fauvette, infiniment de grâce, comme on en peut juger par le portrait. Mais elle n'aimait qu'une chose au monde, son serin Fifi, un délicieux hollandais légèrement bossu, comme il convient, avec une collerette et une immense queue. Pour cet oiseau seul étaient toutes ses tendresses de cœur innocent. Elle lui mettait le bec dans sa bouche et y faisait, comme dans un flageolet, un petit bruit de baisers. A l'époque où, ne s'étant pas encore déclaré à sa famille, mon oncle Pistache lui faisait visite presque chaque jour, il était humblement jaloux de Fifi, il reprochait amèrement à Antoinette ses préférences pour ce jaune rival. Un jour même que le serin, toujours en liberté, en picorant à rebours sur le goulot d'une carafe de vin d'Alicante, y laissa tomber une crotte, ce qui fit rire la jeune fille, mon oncle Pistache ne put s'empêcher de lui dire : — « Ah! si ç'avait été moi! » Et il y avait, dans son accent, une amertume, une protestation contre les injustices du caprice!

Donc mon imbécile d'oncle eut, un jour, l'idée malencontreuse d'avouer au chevalier Galant-Minet qu'il appétait véhémentement la main de sa fille; je dis : sa main, parce qu'il n'est pas convenable de parler aux parents du reste. Mais le chevalier Galant-Minet l'accueillit absolument comme si c'était du reste qu'il avait parlé. Il l'appela impertinent, audacieux et lui consigna sa porte avec une cruauté qui n'eut d'égal que le désespoir de mon pauvre parent.

III

Mon oncle Pistache, pour porter des culottes mauves et mordorées, n'était pas un homme d'une morale solide et d'énergique résistance contre les coups iniques du sort. Au lieu de se dire que, bien tourné et plutôt opulent que pauvre, il trouverait facilement à se consoler d'une pirouette, et de s'écrier même, comme c'est la coutume en pareil cas : « Une de perdue, dix de retrouvées! » (ne pas attribuer ce mot à Abélard), il se jeta dans l'ivrognerie, fréquenta les buveurs et s'abîma la vessie sous prétexte de s'étourdir l'esprit. On ne voyait que lui, les matins d'été lumineux, de bonne heure frôlant les murailles et rentrant avec le jour — je ne veux pas dire éclatant et vermeil comme l'aurore, mais piteux au contraire et chimérique à l'envi, — perdant souvent le chemin de sa maison, se cognant aux arbres des avenues, causant avec les ruisseaux et leur faisant de déplorables confidences. Toute sa famille était navrée. Mais que voulez-vous faire! Pistache était majeur et absolument en droit de se griser.

Or, par un admirable lever de soleil, en juillet, — la chose se passe bien entendu à Toulouse, source de tout bon conte gaulois, — sous un ciel de lapis-lazuli que traversait, de l'orient à l'occident, un vol oblique de flèches d'or, cependant que les dernières étoiles s'abîmaient dans le zénith encore sombre, mon vénéré parent, en cet état fâcheux d'ébriété coutumière, passa, par aventure, devant la maison du chevalier Galant-Minet, laquelle il évitait soigneusement quand il était un peu moins radicalement saoul. La chaleur ayant été excessive, la veille, une fenêtre était ouverte, ou du moins seulement fermée par un rideau blanc, presque transparent, flottant aux brises aurorales, mais très légèrement comme une eau qui se ride sous le zéphyr, et cachant de ses candeurs mouvantes les roses emperlées d'une jardinière posée sur le rebord de la croisée. C'était tout simplement celle de mademoiselle Antoinette. Mais le pochard n'y pensa pas. Il n'était plus aux pensées d'amour, mais de vengeance. La vue de la maison de l'auteur de tous ses maux lui avait donné un coup et mis dans l'âme du levain de colère. Il éprouvait le besoin de profaner le seuil de ce temple d'où il avait été si ignominieusement chassé, d'y laisser une marque de rancune et de mépris. Il en avait, parbleu! les moyens sur lui. S'approchant de la porte, sans toutefois se réfugier dans un angle, il abaissa le pont de sa culotte miroitante et se mit à compisser fort aigrement (le mot est de Rabelais) l'huis de celui qui avait méchamment refusé d'être son beau-père, — aigrement et abondamment, vu qu'il était chargé comme un muid.

Au milieu juste de son opération, il entendit un cri poussé par une voix de femme : « Ah! mon Dieu! » et en même temps, quelque chose d'effaré qui voletait et tombait, en tournoyant maladroitement, de la fenêtre au-dessus, et s'abattit dans la partie ouverte de son pantalon. C'était la voix d'Antoinette. Oh! mon oncle fut dégrisé du coup! Un instant après, soulevant les rideaux tout à fait, la tête échevelée de la jeune fille apparaissait à la croisée parmi les fleurs. — « Monsieur! Monsieur! c'est par ici, je l'ai vu! » criait-elle en montrant devant la porte. Mon oncle Pistache avait eu le temps de reboutonner rapidement son pont, en un geste véhément de pudeur, enfermant ainsi, comme le jeune Spartiate le renard, quelque chose d'inconnu.

— « Ah! c'est vous, monsieur Pistache! Cherchez! cherchez! cherchez bien! je vous dis que je l'ai vu! » cependant que le prisonnier ombilical et toujours inconnu de mon oncle se trémoussait dans le devant de son pantalon comme une bête qui se noie. — « Fifi! mon pauvre Fifi! » clamait encore la demoiselle. Mon oncle comprit alors que son captif, qui lui labourait infinitésimalement le ventre avec ses menus ongles, était le serin favori de sa bien-aimée qui s'était envolé par la fenêtre et qui, ayant les ailes légèrement coupées, était tout de suite tombé à terre. Sa première pensée fut mauvaise : celle d'étouffer son rival dans cette humiliante situation. Mais, comme il avait un vrai cœur d'amant, il fut ému des larmes de la jeune fille. Oui! mais comment lui rendre l'oiseau sans se déboutonner devant elle? Elle avait beau l'encourager, en lui disant, sans comprendre elle-même ce que cela avait de troublant : « Puisque je vous dis que je l'ai vu! » Un combat s'engageait entre l'amour et la pudeur. Mon oncle Pistache eut un éclair rapide de génie. Il se retourna, de façon à pouvoir laisser tomber son pont à nouveau, sans être vu de mademoiselle Galant-Minet. Mais ouiche! au moment même où s'effectuait cette évolution, moins fâcheuse que celle de la *Victoria*, le chevalier, réveillé par ce vacarme, ouvrait la porte et le reconnaissant à sa culotte changeante, lui adressait un énorme coup de pied au derrière. La réaction fut telle que le pont tomba trop vite pour que mon oncle Pistache pût rattraper l'oiseau, qui s'envola sous cette formidable poussée. Le chevalier en demeura ahuri. Comment sortait-il des oiseaux du ventre de mon oncle Pistache quand on le frappait au cul? C'était plus fort que les bonbonnières automatiques. Il mourut tout à fait imbécile, quelque temps après, en se demandant cela. Mademoiselle Antoinette eut un autre serin et mon oncle Pistache continua de boire.

LA GAIETÉ DE JACQUOT

LA GAIETÉ DE JACQUOT

A Aurélien Scholl.

Je crois que peu de gens, vous excepté, mon cher Maître et ami, ont vécu avec plus de bêtes que moi. Ça m'a reposé des hommes. Jamais, en effet, je n'ai eu à me plaindre du commerce des animaux, d'autant que chez les animaux l'amitié n'est pas un commerce. Ils se donnent — avec une pointe d'intérêt bien excusable quelquefois : voilà tout.

Mes premiers pensionnaires ont été des souris et des moineaux. Mais j'ai élevé aussi des lézards et des scarabées. Au même titre que le pauvre Cladel, j'aurais pu être fier de ma kyrielle de chiens. Je partage actuellement ma tendresse entre un âne, des toutous variés et des chats qui vivent fort bien ensemble. Je n'aurais aucune répugnance à élever des éléphants et des fauves, si mes moyens me le permettaient. Il n'y a que le perroquet et le singe dont j'ai toujours refusé obstinément la compagnie. Ils sont vraiment trop près de nous, celui-ci par sa voix et celui-là par les gestes. Ce n'est vraiment plus la peine de s'exiler de sa propre espèce pour en rechercher la contrefaçon. Je m'étais juré de n'avoir jamais ni l'un ni l'autre. Un serment de plus que j'aurai mal tenu.

Voici comment je me trouve aujourd'hui affublé d'un perroquet, d'autant plus haïssable qu'il prononce absolument comme un homme, et de façon à faire tout à fait illusion. Pas même le charme d'un accent exotique. Il parle un excellent français.

Quand j'arrivai dans le Midi, on me fit observer que je manquerais à toutes les convenances en n'allant pas faire une visite à ma vieille cousine Pétensac dont le mari venait de mourir à Vicdesos (Ariège). Mon cousin feu Pétensac était un notable dans la famille. Il s'occupait énormément de politique et ça avait dû l'embêter particulièrement de trépasser avant les élections. Orateur populaire, il vous jouait, comme pas un, du suffrage universel, dans un pays où l'on joue particulièrement aux boules et le dimanche seulement. Lui travaillait toute la semaine, endoctrinait les tièdes, surchauffait les fervents, radicalisait à domicile, parlait beaucoup et n'écrivait jamais, ce qui lui avait permis de changer souvent d'opinions sans qu'on s'en aperçût trop et sans qu'on lui fourrât le nez dans les anciennes, à l'occasion. Dans un pays où l'éloquence est de race, il était éloquent entre tous, au moins par la quantité des choses qu'il disait. Ah! sa pauvre veuve, bien que dévote, avait éprouvé une admiration pour le moulin à mots! Et cependant le cousin Pétensac était devenu un anticlérical fougueux, après avoir été élevé au séminaire. Il n'en avait que plus de mérite, disait-il, à confondre les faux dieux! Moi, par principe, je ne suis pas pour les oiseaux qui font caca dans leur nid.

J'avoue donc que, personnellement, la mort de ce collatéral m'avait été profondément indifférente. Mais la vieille cousine, sa femme, avait été très bonne pour moi, quand j'étais enfant. J'allai donc mêler à ses larmes je ne sais quoi qui me vint aux yeux, par un attendrissement bête, quand elle me serra dans ses bras. — « Que ton pauvre cousin eût été heureux de te voir! » me dit-elle. J'eus la politesse de ne lui pas répondre que ce bonheur n'eût pas été partagé. Dès l'émoi de ce premier entretien, j'en fus distrait par le bruit que faisait, en s'ébrouant, un énorme perroquet mélancoliquement perché sur un bâton. — « Le perroquet de ton cousin! me dit la vieille en regardant l'oiseau avec attendrissement. Il répétait tout ce que disait le pauvre cher homme. Il s'ennuie maintenant avec nous. Ça l'agace même de m'entendre dire des prières. Tu devrais bien l'emporter. »

Je protestai vivement, en invoquant l'impiété qu'il y aurait, de sa part, à se séparer du souvenir vivant d'un mort aimé.

Mais ma cousine insista avec des arguments à la fois touchants et flatteurs. Cette bête était habituée à la société d'un homme intelligent, supérieur. J'étais le seul dans la famille qui fût digne de lui conserver une société équivalente. Il mourrait certainement de consomption avec des gens n'ayant aucun mouvement dans les idées. Il s'agissait de sauver sa vie. Et puis je n'avais pas d'enfants. Les perroquets vivent très vieux. Celui-là me rendrait les derniers devoirs, à la condition toutefois que je ne fisse pas veni de prêtre, car il avait terriblement engueulé celui qui s'était hasardé au chevet de mon cousin. Je suis faible et j'acceptai. Et voilà comment, il y a trois semaines, j'ai amené, à Argelès, dans la plus aimable des stations pyrénéennes, un compagnon qui commença par être le plus maussade que j'aie rencontré jamais. Habitué, en effet, à vivre dans l'officine à discours où beuglait mon cousin, tout seul, avant de les aller débiter à la foule, Jacquot parut absolument dégoûté par l'aspect grandiose de la nature. Il cachait sa tête sous son aile, devant la beauté du paysage, et la secouait ensuite pour chasser de ses yeux, comme une vile poussière, tout ce qui avait pu y entrer de verts tendres et de délicats azurs. Ayant donc dû renoncer à le faire vivre en plein air, comme j'en avais eu d'abord le projet, je l'installai dans le petit cabinet de travail que je me suis fait là-bas auprès d'un bosquet de bambous, dont ma fenêtre est caressée, en laissant les persiennes à demi fermées pour que ce tableau gracieux ne l'incommodât pas.

II

On m'avait dit qu'il répétait ce que mon cousin disait à haute voix. Je dois constater qu'il ne me fit pas le même honneur ; non pas que je me livre souvent aux douceurs intimes du monologue, mais il m'arrive toutefois de bourdonner mes alexandrins tout en marchant de long en large. Il n'en put jamais prononcer deux de suite, sans qu'un formidable et très distinct : « Crotte ! » sortît immédiatement du bec frémissant de Jacquot. Il lui arriva même plusieurs fois de se rapprocher davantage encore du texte de Cambronne. Je dus renoncer à composer mes vers en parlant. Mais quand je me mettais à ma table pour les écrire, c'était bien autre chose. La vue d'un scribe — j'ai dit que feu mon cousin Pétensac, comme tous les hommes politiques prudents, n'écrivait jamais — mettait positivement cet oiseau dans un état de mauvaise humeur incomparable. Il s'agitait sur son perchoir en me regardant avec de méchants yeux, à moins qu'il ne descendît sur la table même avec ses lourdes pattes et ne vînt traîner ma plume, en me faisant faire des pâtés sur ma copie. Je suis invinciblement doux avec les animaux. Je me contentais de le menacer de lui donner une gifle. Mais il me contemplait d'un air indifférent qui voulait dire nettement : « Inutile ! Un homme qui fait des vers est un disqualifié pour moi. » Ah ! je commençais à en avoir assez du présent de ma vieille cousine Pétonsac ! Car ce n'était pas tout. Il lui arrivait encore, quand il m'avait bien regardé écrire un mot, avec une expression narquoise dans le regard, de hausser malhonnêtement les ailes et de laisser choir sur le bois, à deux pas de mon nez, un signe manifeste de son mépris pour ma littérature.

Et les choses en étaient là quand, il y a une quinzaine, — un peu plus peut-être ; une des joies des vacances est d'oublier le calendrier, — cet animal morose, hypocondriaque, renfrogné, tout à l'heure bougon comme un vieux sacristain, partit d'un inextinguible éclat de rire, cependant que mon ami Marcel me lisait, dans la *Dépêche*, les commentant avec moi, les singulières nouvelles de l'Académie. Oncque ne vit-on, j'imagine, chez un oiseau, un pareil accès d'hilarité. Il se tordait sur son ventre, en riboulant de petits yeux mouillés de joyeuses larmes, piétinant son bâton, portant sa patte à son bec pour ne pas étouffer, et poussant des Ah! Ah! Ah! Ah! tellement exaspérés que les paysans s'arrêtaient devant la porte pour tâcher de voir ce qu'il y avait de si drôle dans la maison.

Et cela dura des heures — au fait jusqu'à la nuit — mais recommença le lendemain. Et, comme il nous regardait toujours, mon ami Marcel et moi, en faisant cette musique, je soupçonnai qu'il se fichait de nous. Je ne voulus pas éclaircir immédiatement et publiquement ce soupçon, craignant que, plus susceptible que moi, mon ami prît mal la chose. Mais, quand tout le monde fut couché, je redescendis dans mon cabinet, et je secouai vivement Jacquot par l'aile pour en obtenir une explication. J'avais toujours pensé, en effet, que les perroquets savent fort bien ce qu'ils disent et que c'est une comédie qu'ils nous jouent, en feignant de ne pas le comprendre, pour pouvoir nous dire de vilains mots sans que nous ayons le droit de nous en fâcher. Surpris dans son premier sommeil, et terrifié par mon audace, Jacquot devait certainement avouer son secret.

Je ne m'étais pas trompé.

— As-tu bien ri, Jacquot ? lui demandai-je. Et de quoi ?

La lune nous éclairait, l'un et l'autre, fantastiquement, et j'avoue que j'eus un frisson d'épouvante dans le dos, quand il me répondit, très calme :

— Mais de la réforme de l'orthographe. Du moment qu'on écrit comme on prononce et que, grâce au téléphone, on n'écrira bientôt plus, j'en sais absolument autant que vous. Et moi aussi je suis gent-de-lettre et poète, maintenant, puisque je prononce !

Et, comme je le regardais effaré, il ajouta avec une bonhomie railleuse et sur un ton destiné certainement à me rassurer, tout en se rengorgeant dans son épaisse collerette naturelle :

— De vous à moi, ce qui me flatte le plus, c'est que cette belle invention est due à des gens habillés de vert comme moi !

HYMÉNÉE

HYMÉNÉE

I

Eh bien, c'est fait : dans quelques jours le lieutenant de vaisseau Manoël des Ratières épouse la délicieuse Elodie de Pétrouminel, la fille du marquis de Pétrouminel, le dernier légitimiste de France. Ne me dites pas que je vous la baille bonne, que le lieutenant est de noblesse récente, son père s'appelant simplement Lelard (des Ratières n'est venu qu'après), qu'il n'a que peu de fortune et qu'il passe pour avoir fait une jolie noce dans les quatre parties du monde. Les bans sont publiés et la lettre de faire part à la gravure... Vous cherchez la clef de ce mystère? Vous vous dites, qu'après tout, Manoël ayant, au plus, cinq ou six ans qu'Elodie, les deux jeunes gens ayant été élevés presque ensemble dans les propriétés voisines de leurs parents respectifs, il s'agit de ces amours d'enfants dont on ne dépouille jamais complètement l'ineffable poésie et qui demeurent invariablement fidèles chez quelques-uns. Je vous jure qu'il y a six mois, Elodie avait à peu près complètement oublié Manoël qui n'était pas revenu en France depuis trois ans. — Alors? — Alors c'est une aventure tout à fait curieuse et que je vais vous conter. Mais elle ne saurait vous intéresser qu'autant que vous en connaîtrez les personnages. Je commence par le plus intéressant certainement : Mademoiselle Elodie. Vingt ans et une admirable santé de blonde, un Rubens vivant, mais non pas avec les yeux bordés de rose comme ceux des musées. Je veux dire simplement un poème admirable de chairs virginales et copieuses, une moisson de roses et de lys, comme on disait au vieux temps, un éblouissement de neige sous une ondée de soleil, au moins quand elle dénouait sa chevelure dorée, sa chemise étant bien près de quitter tout à fait ses épaules. Dans cette argile idéale, suivant l'expression sublime de Victor Hugo, un invisible sculpteur avait pétri des formes à la fois nonchalantes et correctes, fermes et morbides. L'ensemble donnait l'idée d'un grand mélange de bonté et de paresse, quelque chose d'une beauté de harem. Mais honni soit qui mal y pense! Orléans ni Nanterre n'ont possédé de plus honnête demoiselle. Ce n'est pas un mal, après tout, qu'un grand penchant à la rêverie. Cette nature apathique, en général, était cependant susceptible de réveils et, en tous cas, douée d'une dose considérable d'entêtement, — une pointe d'atavisme du côté paternel. Au lieutenant maintenant. Un bon zig, un loyal et bon garçon, avec un physique vigoureux. C'en est bien assez pour un portrait d'homme. Quant au marquis de Pétrouminel : une ganache exaspérée, un pudibond mélancolique, infatué de morale et de noblesse, se croyant, de très bonne foi, le moutardier du pape et le parangon de la vertu. Il est de la Ligue contre la licence publique. Veuf depuis longtemps, il a dirigé l'éducation de sa fille dans la voie inepte que vous pressentez. Mais heureusement qu'Elodie n'est pas studieuse et n'a pas appris un vingtième des sottises dont il a tenté de la bourrer. Ah ! j'oubliais. Encore une présentation à vous faire : Mademoiselle Adélaïde des Ratières, sœur de Manoël, une jeune fille confinant à la trentaine et très fière de son frère, n'ayant pas trouvé de mari, grande amie d'Élodie avec qui elle jouait, comme avec une poupée, quand celle-ci avait cinq ans.

Et maintenant au rideau, comme on dit au théâtre.

II

Nous sommes en février dernier, par une après-midi tout à fait fraîche, avec un joli frisson de givre sur les toits. Le décor représente la chambre de mademoiselle Elodie, une délicieuse chambre de jeune fille, très coquette malgré la majesté des fleurs de lys qui étoilent la tenture presque blanche. Mademoiselle Elodie n'a sur sa chemise qu'un peignoir et vient d'achever de se peigner devant la cheminée. Nanette est auprès d'elle. Qui ça, Nanette? Une petite paysanne ramenée du domaine de Pétrouminel, et déjà un peu dégrossie, une jeune petite matoise berrichonne, avec je ne sais quoi de fûté tout à fait charmant. Mademoiselle Elodie, qui est excellente, traite ses gens avec la familiarité qu'affectaient autrefois les grandes dames. C'est son père qui lui a appris ces façons de hauteur bienveillante avec le menu peuple, lesquelles ne sont plus beaucoup de mise aujourd'hui. Elle gâte donc beaucoup Nanette, mais la regarde comme un être sans conséquence devant qui tout est permis. Nanette, elle, prend très bien cela. Donc, ravie d'avoir soulevé plusieurs fois sa lourde chevelure pour y plonger le peigne qui y fait passer d'électriques étincelles, mademoiselle de Pétrouminel s'est laissée tomber sur un pouf et, sans enthousiasme d'ailleurs, a pris un numéro de la *Revue des Deux-Mondes*, seul recueil dont son père lui permît la lecture, à cause de la grande vertu des personnes qui le dirigent. Ravissamment alanguie, elle croise une jambe sur l'autre et laisse ses doigts nonchalants, dans leur grâce fuselée, courir entre les pages noires et vides où la pensée de quelque économiste s'est longuement diluée dans un flot d'encre.

— J'ai froid, dit-elle, tout à coup. Nanette, rapproche mon siège du feu.

Et Nanette, tout en riant, pousse sa paresseuse maîtresse, qui ne se lève même pas, plus près de la cheminée, le dos tourné du côté du foyer où s'écroulent lentement ces menus échafaudages de braise si fantastiques et si amusants à regarder dans un feu de bois qui ne flambe plus et qui s'éteint lentement sous une avalanche de cendre tiède, agonie d'où se dégage une chaleur très douce et vaguement endormante. Un frisson de bien-être passe aux épaules blanches de mademoiselle de Pétrouminel.

— C'est les seins que j'ai glacés, reprend-elle en faisant un léger : Brrr... Nanette, relève donc un peu mon peignoir et ma chemise.

Très docilement, Nanette, qui était accoutumée à ce genre de services intimes et sans façon, soulève peignoir et chemise, le maintenant avec les mains, au-dessus des épaules, cependant que le postérieur et les jambes à nu, par dessein, de sa maîtresse, dans le jour assombri déjà de la chambre et tamisé par d'épais rideaux, se coloraient de reflets d'ambre et de vermillon pâle courant, le long des chairs, en caprices tout à fait voluptueux et vaguement aromatiques. Ayant mis ses coudes sur ses genoux pour tenir plus commodément sa revue, la tête penchée en avant, plutôt à cheval qu'assise sur le pouf, Mademoiselle Elodie savoure longuement ces tiédeurs qui lui montaient jusqu'au cou, sous les étoffes relevées, et, sous cette influence de chaleur douce, favorisée par l'ennui de sa lecture, elle forma doucement les yeux. Bientôt, une régularité plus lente et plus rythmée de son souffle plus sonore apprit à Nanette que sa maîtresse s'était tout simplement endormie.

Elle ne pouvait pas cependant, elle, Nanette, rester trois heures dans cette posture absolument fatigante de femme accroupie soulevant un peignoir et une chemise, sans remuer. Les artistes de tableau vivant savent ce que dure une minute. Aimant beaucoup sa maîtresse et craignant de la réveiller, elle n'osait toutefois faire le moindre mouvement. Faut-il tout dire ? L'heure passait, le jour s'assombrissait, et elle avait un petit amoureux à qui elle avait promis de venir causer un instant, avec lui, dans la rue. Nanette, très anxieuse d'abord, se rasséréna dans une inspiration de génie. Soulevant, un instant, l'échafaudage de batiste et de soie, d'une seule main, elle ramassa de l'autre, sur la cheminée, deux épingles avec lesquelles elle fixa son ouvrage, si bien que chemise et peignoir ramassés en plis captifs tenaient, tout seuls, sans se déranger, au-dessus des épaules de la dormeuse. Après quoi, elle pria la sainte Vierge pour que mademoiselle Elodie ne se réveillât pas pendant sa courte absence; puis, à pas muets, elle s'esquiva pour aller donner, au moins, quelques bonnes paroles à son galant qui devait geler dans la brume crépusculaire subitement descendue dans le carrefour où tous les becs de gaz commençaient, en ces soirs si vite venus, à clignoter.

III

— Bonjour, ma chérie! mon frère Manoël qui arrive de Cochinchine et qui voudrait t'embrasser peut-il entrer?

Mademoiselle Elodie fut réveillée en sursaut par ces mots dits tapageusement par mademoiselle des Ratières que suivait discrètement le lieutenant « curieux de revoir son amie d'enfance. Elle est sans doute très bégueule, pensait-il, et peut-être pas du tout jolie. »

Elodie, qui croyait toujours Nanette derrière elle et qui ne douta pas un instant que celle-ci eût laissé immédiatement retomber peignoir et chemise, en entendant du monde, se leva comme mue par un ressort, et de sa voix la plus gracieuse :

— Mais certainement, ma chérie!

Les deux jeunes femmes s'embrassèrent sans que mademoiselle des Ratières, dans la chaleur des expansions, s'aperçût de rien...

— Vite! vite! fais entrer ton frère!

Au moment même où le lieutenant demeuré dans l'antichambre soulevait la portière, Elodie se retourna pour lui chercher un siège, et lui montra, en plein, tout ce que peignoir et chemise toujours retenus en l'air auraient dû le mieux couvrir. C'était beau! c'était blanc! c'était souriant! Le lieutenant eût un éblouissement et ne put retenir un cri d'admiration. Par ce cri, Elodie fut avertie de son état, et, portant vivement ses propres mains à son échine, poussa, elle, un gémissement de honte et de douleur. Puis elle s'enfuit derrière les rideaux. Comme autrefois Galathée sous les saules, mais pas pour être regardée... Mademoiselle des Ratières, elle, qui avait le caractère enjoué, crevait de rire et imitait une poule qui pond.

— Qu'allez-vous penser de moi, Manoël? fit, avec l'accent d'un vrai désespoir, la jeune fille.

— Je pense déjà, ma chère Elodie, répondit l'officier avec la gravité douce d'un homme vraiment amoureux, — tant ce qu'il avait contemplé l'avait charmé! — que c'est à son mari seul qu'une honnête femme peut avoir montré ce que vous m'avez fait voir.

J'ai dit que Manoël était de bonne mine. Elodie, qui l'avait bien regardé à travers les rideaux, lui tendit la main, en lui disant : — Mon ami, vous avez raison.

Et le soir même, forte de sa majorité prochaine, elle annonçait au marquis son père qu'elle était irrévocablement décidée à épouser le lieutenant des Ratières.

Celui-ci fit une effroyable grimace d'abord. Mais il faillit s'évanouir tout à fait quand, ayant demandé à sa fille pourquoi elle voulait ce gentillâtre sans le sou pour mari, elle lui répondit le plus simplement du monde :

— Mais parce qu'il a vu mon derrière, papa!

L'HÉRITAGE

L'HÉRITAGE

I

— Et tu crois vraiment, mon pauvre Pamphile, que ton oncle Guilledou nous déshéritera?

— Je n'en fais aucun doute, ma pauvre Amélie.

— Mais, enfin, pourquoi? un homme qui t'adorait! qui t'a élevé! qui est ton parrain et qui te doit une compensation pour le fichu nom qu'il t'a donné!

— C'est le sien. Mais ne parlons plus de cela, ma mignonne.

— Si fait, Pamphile. Tu me caches quelque chose. Qu'y a-t-il eu entre ton oncle et toi? On m'a dit que c'était un homme sévère, de mœurs insupportablement pures, mais excellent au fond. Aurais-tu fait des folies de jeune homme qui te l'aient aliéné pour toujours?

— Ah! par exemple, Amélie! ne t'ai-je pas juré que tu étais mon premier et mon unique amour?

— Que veux-tu, je tenais à cela. Je sais qu'il y a des jeunes filles qui épousent des noceurs et qui sont, tout de même, parfaitement heureuses en ménage. Mais moi j'avais toujours fait le rêve d'un cœur vierge comme le mien, comme le mien sans souillure. Notre cher Musset l'a si bien dit :

Ah! malheur à celui qui laisse la débauche
Planter le premier clou sous sa mamelle gauche!...

— Pas de petit clou sous la mienne, Amélie. Regarde plutôt.

— Comme tu as les nénés blancs, mon amour! Oui, je te crois. Alors je ne comprends plus rien à l'attitude de ce vieillard ridicule à ton endroit. Quand nous lui avons annoncé notre mariage, il ne t'a même pas répondu. Eh bien, qu'il garde son sale argent! Ne sommes-nous pas heureux ainsi, Pamphile?

— Au comble du bonheur, ma délicieuse Amélie! Mais le vieux grigou y aurait ajouté quelques mille livres de rente que rien n'en eût été gâté. Embrasse-moi, ma pauvre chérie. Il est temps de se lever.

— Oh! non! Pamphile! pas encore. Au moins si nous n'avons que ça...

Et il se fit un silence dans la chambre où devisait ainsi, dans la tiédeur matinale d'un grand dodo, pas trop grand cependant pour de véritables amoureux, le jeune ménage Mistouflette. Un bruit vague de baisers succéda à ces propos pleins d'une amertume à demi consolée. Ils avaient bien raison. Ce qu'ils possédaient vaut mieux que des chèques. Pamphile surtout. Car croyez que les nénés d'Amélie étaient encore plus blancs que les siens et encore n'étaient-ils que le premier chant d'un admirable poème dont, par pudeur, je ne vous décrirai pas les beautés provocantes à l'envi. Un clavier merveilleux que cette petite femme et dont l'heureux organiste connaissait tous les secrets. Car il est quelquefois, dans les ménages, des trésors perdus par la maladresse de leur propriétaire. Mais ce n'était pas le cas.

Tout à coup retentit un coup de sonnette. Puis l'unique servante du jeune couple, après avoir discrètement frappé à la porte, apporta une lettre, avec, au coin, sur l'enveloppe, cette mention apposée au timbre : *Me Lechat de Mabru, notaire.*

— Le notaire de mon oncle ! s'écria Pamphile interloqué.

— Lisons vite, dit Amélie.

Et ils passèrent, une fois l'enveloppe jetée à terre au pied du lit, de l'étonnement à la plus pure ivresse. Le testament contenait, entre autres, cette clause tout à fait inattendue et originale : « Je lègue à mon neveu Pamphile Mistouflette, fils de ma sœur bien-aimée, mon perroquet Tamerlan, avec une rente viagère de six mille francs par an, destinés à rendre heureux cet animal jusqu'au bout de sa carrière et qui cessera, de fait et de droit, à sa mort.

— Ah! viagère était pour le perroquet? observa Amélie.

— Ça vit très vieux, répondit Pamphile, et puis nous le soignerons si bien! Ça peut bien coûter à nourrir une dizaine de sous par jour, même en lui donnant un petit verre de Bordeaux sucré de temps en temps, soit 182 fr. 50 par an; il nous restera pour notre peine, 5,818 francs. Que le nom de mon oncle Guilledou soit béni!

— Mais il est peut-être déjà vieux, ce perroquet? risqua justement Amélie.

— Non! je sais que mon oncle l'a élevé lui-même et il ne l'avait pas encore quand j'étais auprès de lui. C'est même cet oiseau qui m'a remplacé dans son affection. On m'a dit qu'il était étonnant et répétait non pas seulement tout ce qu'il entendait dire avec une mémoire parfaite, mais même tous les bruits qu'il entendait autour de lui.

— Nous nous amuserons beaucoup à l'écouter.

— Ah! il y a un *post-scriptum* à la lettre de Me Lechat de Mabru; quelques détails sur les derniers moments de mon oncle.

— De quoi est-il mort?

— D'une tympanite flatulente dont il souffrait depuis longtemps... Eh bien, si son perroquet a écouté ses derniers soupirs...

— Taisez-vous, Pamphile. Je vous défends de plaisanter la mémoire d'un homme que nous avons calomnié et qui nous met à l'aise par son trépas.

Et, dans la candeur exquise de son âme, la délicieuse Amélie se mit à genoux sur le grand dodo tiède et dit un *Pater* et un *Ave* pour le salut de l'oncle Guillodou.

II

Tamerlan n'était pas précisément beau. Sous son plumage vert il avait l'air à la fois embarrassé et narquois d'un jeune académicien au petit lever d'un grand seigneur. Il n'était d'ailleurs pas moins bavard qu'un académicien. Ses premiers mots furent, une fois arrivé dans le ménage Mistouflette : « Encore une ! Cochon de Pamphile ! »

— Qu'est-ce à dire? demanda Amélie. C'est donc votre oncle qui parlait ainsi irrespectueusement de vous?

— Il ne sait ce qu'il dit, riposta vivement Pamphile. Puis s'adressant au perroquet : — Vas-tu te taire, animal !

— Prout ! fit Tamerlan.

— Ça, c'est la tympanite à mon oncle. J'en étais sûr qu'il l'avait gardé auprès de lui.

— « Bon ! une blonde, maintenant. Salop de Pamphile ! » tel fut le second discours de Tamerlan.

— Hein ! fit Amélie. Qu'est-ce que vous lui faisiez donc, à cette blonde dont votre oncle a encore parlé ?

— Cet animal déraisonne. Te tairas-tu, oiseau de malheur !

— Prout ! Prout ! Prout ! fit Tamerlan.

— Mon pauvre oncle était déjà plus malade.

— « Une brune, alors? Ça va bien! paillard de Pamphile! » poursuivit le perroquet.

— Oh! mais! Qu'est-ce que j'apprends? fit Amélie hors d'elle. Vous aviez des maîtresses, malheureux!...

— Je te jure que cette bête n'a pas le sens commun. C'est imbécile, les perroquets. Veux-tu que je t'écrase, volatile calomniateur?

— Prout! Prout! Prout! Prout! Prout! fit Tamerlan.

— Ça, c'est drôle, dit Pamphile en s'efforçant de rire. Bien plus drôle! Le bonhomme devait être presque à l'agonie.

— « Toutes alors! fichez-moi le camp! Putassier de Pamphile! » continua l'oiseau.

— Tiens! pan! misérable! Et Amélie, tout à fait exaspérée de ces confidences posthumes de l'oncle Guilledou, avait donné une grande claque à son mari.

— Touché! fit celui-ci, qui avait une bonne éducation d'escrimeur. Tamerlan, pas un mot de plus!

— « Cochon de Pamphile! salop de Pamphile! putassier de Pamphile! paillard de Pamphile! »

— Ah! tais-toi! tais-toi!

— « Opprobre de la famille! A la porte! à la porte! à la porte! »

Ah! Pamphile n'y tint plus. Malgré les efforts d'Amélie pour le retenir, il se précipita sur le perroquet, lui chercha nerveusement le cou dans les plumes hérissées, et meurtrissant, sous ses doigts, la chair noire, le tordit comme un mouchoir mouillé en piétinant de colère.

L'oiseau fit : Prout ! prout ! pr...out ! pr...out ! couic !

Il était mort. Sans être apaisé encore, Pamphile le jeta violemment à terre. Le paquet inerte de plumes s'écrasa sur le sol, les pattes seules s'agitant encore en de vagues convulsions.

— Et tu disais que les perroquets vivent très vieux ! dit Amélie terrifiée et toute en larmes.

— Ça dépend de leur constitution, répondit durement Pamphile.

— Mais, nous, nous sommes jeunes, et voilà notre pauvre rente viagère dans l'eau.

Avec une tendresse infinie, en un élan d'indicible abandon et de vague remords, suppliant et dominateur à la fois, il prit dans ses bras la jeune femme et mangea son front, d'abord, puis sa bouche, de baisers, la humant comme un bouquet, l'enlaçant comme un lierre et, en mots entrecoupés, il parlait : — Oui, oui, je t'ai menti... J'avais eu des maîtresses... Mais je n'ai adoré que toi... ne regrette pas l'argent... J'aime mieux que tu n'aies pas de peine. Ce que nous avons ne vaut-il pas mieux?

Si le silence a une éloquence, je crois qu'elle fût du même avis.

Tamerlan ne fut pas enterré... il fut enfoui...

POUR PROTESTER

4

POUR PROTESTER

I

Ah! ça va bien! Voilà maintenant la morale publique qui ne s'en prend plus seulement aux pensées, ni même aux mots, mais aux lettres elles-mêmes! Et vous croyez que c'est la lettre Q qui encourt ses rigueurs. Non! C'est les deux lettres les plus innocentes peut-être de tout l'alphabet. L'X est discrédité d'inconvenance, et l'Y va être fichu à la porte du dictionnaire. On écrira « je veus » et « hipnotisme ». Quarante messieurs, qui ne sont jamais que trente-huit ou trente-neuf, le veulent ainsi. L'X et l'Y seront relégués dans les mathématiques. Eh bien ! j'irai les y rejoindre et je retournerai à mes chères études de polytechnicien. Mais ce n'est pas tout. Ces petits espiègles, généralement sexagénaires, vont traiter la langue française comme une fourmilière, en fourrant des grands coups de pied dedans. Qu'ils prennent garde que les mots ne leur grimpent aux mollets et même plus haut. Car il en est — ceux des poètes — qui, comme certaines fourmis redoutables, ont des ailes. Personne ne plaindra ces gamins malfaisants.

Voyez-vous la belle façon de « se motiver » dans la littérature, suivant une expression charmante de Théophile Gautier ! Ils s'apercevaient bien qu'ils n'avaient aucune influence effective sur la langue. Les obstinés continuaient à prendre plutôt leurs modèles en dehors d'eux que dans leurs rangs, à prendre pour maîtres Flaubert et Baudelaire plutôt que M. Brunetière ou M. Legouvé. Alors, l'autorité de la persuasion et du talent supérieur leur manquant tout à fait, ils ont médité un coup de force, un 18 Brumaire. Ils avaient entre les mains une arme, une seule, mais lourde à écraser une armée : le Dictionnaire. Ils se sont tous assis dessus, en même temps, pour lui donner plus de poids encore, avant de le lancer à notre tête. Vous pouvez penser maintenant d'où soufflent les réformes.

Ah çà ! mais, pour quels naïfs nous prennent-ils ? Pourquoi le Dictionnaire de l'Académie ferait-il loi plus qu'un autre? Il y a longtemps que les vrais lettrés lui préfèrent celui de Littré. L'Académie ne paraît pas se douter qu'elle n'est que l'objet d'une convention polie. Les gens bien élevés s'abstiennent, à son endroit, des plaisanteries faciles, mais c'est une pure courtoisie dont elle aurait tort d'exagérer la portée. Nous en parlons avec respect comme de toutes les choses anciennes ; nous l'aimons même pour le plaisir qu'elle a fait à nombre de nos amis en les recevant chez elle ; nous allons jusqu'à l'admirer dans quelques-uns des membres illustres qui, à toute époque, ont fait sa gloire ; mais de là à lui tout permettre, et notamment de saccager la langue française que nous adorons de tout notre patriotisme et que nous servons de toute notre ferveur, il y a loin ! Nous la voulons bien inoffensive, mais non malfaisante. On l'honore, sans lui demander rien que de se glorifier en petit comité et vivre dans la contemplation sereine de soi-même.

Qu'elle se contente de cette royauté, fainéante peut-être, mais consacrée par le temps et que nul ne songe à attaquer. Elle est d'institution aristocratique entre toutes et n'a pas le droit de devenir révolutionnaire. Débonnaire, rien ne la menace. Mais agressive, c'est autre chose ! Qu'elle laisse tranquille la figure des mots à laquelle elle n'a pas plus le droit de toucher qu'à leur musique, cette figure ayant été parfaitement définie par les grands écrivains qui font autorité pour nous. Car les mots sont français et sont bien orthographiés, par le fait seul que de bons auteurs les ont employés et écrits ainsi. C'est la seule sanction dont nous voulions pour eux.

C'est bien assez, c'est trop même, que, depuis Villon et Rabelais, notre langue si pittoresque, si abondante, se soit appauvrie de tant de vocables de terroir épurés par l'évolution classique et que, tous, nous regrettons, précisément pour leur pittoresque et le don qu'ils avaient de faire image — ce qui prouve bien, sacrebleu! que les mots ont une forme! — c'est trop qu'on en ait altéré, en même temps, les lignes graphiques originelles. Il ne faudrait pas pousser cette impiété plus loin. Vive l'X qui a droit de cité dans notre langue, et vive l'Y qui doit y être maintenu, par le seul fait que notre langue est une langue de tradition et qui doit toute sa fierté à ses origines. Et, tenez, plutôt que de me soumettre à cette tyrannie et pour bien montrer combien je me moque de ce qu'on fera au bout du pont des Arts, je vais vous conter une histoire en vieux français, dans la langue des aïeux, comme l'a tenté Balzac en ses *Contes drolatiques*. Car je suis réactionnaire, à mon tour, et le plus fougueux du monde, quand on touche à l'héritage saint que nous ont légué les maîtres d'antan.

II

Or adoncque, en cestuy temps demeuroit, en la bonne ville d'Argelès, en ce pays de Béarn d'où nostre bon Roy Henry le quatrième est yssu (Dieu ayct son âme benoiste en sa séraphyque compaygnie!) une tant belle et honneste damoyselle que les poètes de ce séjour ne failloyent de la comparer à quelque lys dominical devant l'austel de madame la Vierge. Et, de faict, n'estoit-elle pas de moindre pureté, ni de parfum moins souëf en la fleur de sa virginité. Adoncque s'appeloyt Margarite, et les gallants ne l'osoient non plus railler que courtyser, cuydant que ce beau fruyct d'honnesteté ne meurissoit pour leur paillarde vendange. Ains de plus loing que la voyoient, se confondoient en réelles patenosires, retirant, de leur teste, leur bonnet pour la saluer, en grande dévotion, comme une saincte. Et soubrioit-elle en baissant les yeux qu'elle avoit pareils à deux champestres bluets, lesquelles fleurs ne sont moins chastes que les lys eux-mêmes.

La chouse se passoit en l'estivale saison, quand le soleil arde jusques au cul de sainct Antoine, nonobstant que celuy-cy soyt bien gardé sous l'umbre de son monacal estuy, et que le compaygnon dudit sainct ne faille de rafraischyr l'ayr, alentour, de joyeuses pétarades. Et le gave qui, d'ordinaire, roule ses musicales eaux fort au debsus des pierres de son lyct, courroit seulement entre elles, les pourléchant de ses mille langues d'argent clair, si bien que le passer à gué sembloit acte non mirificque mais auquel quiconque estoyt idoine pourveu que ne fust cul-de-jatte. Or, damoyselle Margarite ne l'estoyt mye, ayant son « comment ha nom » bien dressé sur belles cuysses d'yvoire et très prétieulx mollets, le tout fort agylle et d'exquise légèreté, comme austrefoys dame Diane en les mythologiques imaiges.

Se rendant à la messe, pour ce que c'estoit le sainct jour du dimanche, et demourant de l'autre cousté du torrent, ayant contraicté d'ailleurs quelque retard en sa course pour rattacher sa jarretière, imagina passer le gave en marchant sur les cailloux, pour esviter la longueur du pont et plus vite parvenir à l'esglise, où déjà branloient les campanes avec moult bruyct, et d'où montoient, comme ung bourdonnement de mousches, rumeurs d'oraisons, un tas de vieilles sempiternéuses y égraisnant leur chapelet, debvant que le prestre entonnât l'*Introït*.

Mais oyez l'aventure malséante où le doigt du meschant esprit se revesle certainement. Comme elle costoyoit ung endroict plus profond du torrent, cœruléen et uni comme ung lac, sur un caillou que l'eau faisoit glissant, Margarite manqua du pied, si bien que roula dans l'abysme en ung grand clapottement d'eau qui s'ouvre et se referme, ne montrant plus à la surface que grands anneaux s'eslargissant et perles s'eslevant comme si dans les gouffres d'esmeraude, dame Vénus eût brysé son collier.

Or — et c'est où se recognoit, à son tour, le doigt de la divine Providence — un homme passoit, nommé Jehan le Vannier, pour ce qu'il estoyt vannier de son estat — et qui, oyant ce cataclysme, s'élança et, véhémentement, estant nageur fort habile, se rua dans l'eau où estoit cheue la pucelle, laquelle se sentant secourue, reprit couraige, au fond de l'estang naturel, et saisit son sauveur par où le put, les yeux fermés et les mains tendues en avant, comme ont coutume de ce faire ceulx qui se sentent nayer. Ainsi fut ramènée par dessus le petit rempart que formoit le faux chemin de cailloux longeant le gouffre, sans avoir rien lasché, néanmoins à demi évanouie.

Or adoncque devinez, en vos prétieulses cervelles, ce qui lui avoit été le salut. Rien n'en sçais, sinon qu'elle dut espouser Jehan le Vannier pour l'honnesteté de l'histoire, et qu'aucung aultre que son mari se put vanter d'une familiarité pareille. Et tous gens de la contrée Argelèse l'approuvèrent grandement, bien qu'il en fut de putherbes, comme *ipse* Bérenger, dit le mélancolique bourgeois, — devisant fort sagement sur l'adventure et recognoissant à l'envi que, pour saulver sa vie des flots, le mieulx est encore s'accrocher à ce qui oncques ne va au fond.

Ainsi ai-je fini de vous conter, comme au bien vieulx temps, maugréant de n'en avoir pas esté avec tous les bons conteurs que j'aime pour la loyauté et franchise de leurs proupos.

IDÉAL

IDÉAL

I

A Catulle Mendès.

De la lumière ! (GŒTHE.)

La rivière, enveloppée par la nuit, ne trahissait guère son voisinage que par le clapotement insensible de ses eaux et par le frisson qu'emportait l'air qu'elle avait rafraîchi. Non pas que le temps fût couvert ; mais on était à la nouvelle lune, et, dans la profondeur du firmament, les étoiles semblaient si fort enfoncées qu'un imperceptible clignement d'or révélait seul leur regard, et que le flot sombre ne reflétait rien de ces constellations lointaines. L'espace était plein d'inconnu, ne montrant aucun chemin, avec un horizon où l'on se heurtait et qui reculait devant vous sans jamais s'éclaircir ni prendre une forme. A peine, quand les yeux étaient faits à cette obscurité, les masses noires des chalands amarrés au rivage apparaissaient-elles comme des monstres endormis, et les massives arches du pont se dessinaient-elles, rapidement estompées. Dans le dernier café resté ouvert, à l'entrée, les noctambules de l'endroit achevaient leur bock, insupportables et bruyants dans le recueillement des choses, les hommes en maillots de canotiers avec des pipes prétentieuses, les femmes en peignoirs clairs avec les cheveux au vent, tous assis sur la terrasse, tandis que le patron, debout sur le seuil, sa serviette sous le bras, les contemplait, mélancolique et pressé d'éteindre son gaz, pour réaliser de justes économies. Il semblait d'ailleurs que son rêve parcimonieux fût près de se réaliser ; car la conversation languissait entre les pirates de bouchons, et le rire bête des filles ne courait plus sur leurs lèvres qu'en échos nerveux et s'amortissant, et comme secoué par les hoquets de leur gaieté agonisante. Les garçons commençaient à retourner les tables, avec un bruit de ferraille, pour préparer leur besogne du lendemain matin, et les chiens impatients, semblant gourmander l'ivrognerie de leurs maîtres, remuaient la queue sur le trottoir, après avoir consciencieusement compissé les caisses de laurier-rose rangées tout le long. Tout à coup un bourdonnement, scandé de coups secs, courut sur le plafond intérieur de la terrasse et, les femmes ayant poussé de petits cris, les hommes se levèrent en agitant leurs chapeaux de paille. Un énorme papillon de nuit était entré sous la petite colonnade de fer qui soutenait la terrasse supérieure et s'y débattait dans un éblouissement.

Les naturalistes ont dit pis que pendre de ces bombyx.

A les entendre, leurs chenilles sont coupables des plus effroyables méfaits. Les plus grosses aiment les pommes de terre... Eh bien ! et moi donc ! Que diable, le divin Parmentier a travaillé un peu pour tout le monde ! D'autres s'en vont par processions, sans aucun respect pour les décrets du gouvernement qui préside à l'exercice de nos libertés. Car il paraît que le comble de la liberté est de ne pouvoir aller aux processions, lesquelles étaient, en notre pays toulousain, un des plus admirables spectacles qui se pût voir. Moi qui avais la faiblesse de trouver charmant et d'une impiété exquise ce vestige des antiques idolâtries ! Moi qui me pressais, tout enfant, pour admirer les ors des chasubles et le vol captif des encensoirs s'enfonçant dans la poussière lumineuse des chemins, dans le grand effeuillement des roses qu'éparpillaient au vent les reposoirs, sans me douter que cette occupation ridicule ravalait l'homme au rang des bêtes rampantes funestes aux farineux en fleurs ! Il est vrai qu'un jour ces bêtes-là prennent des ailes et que rien ne nous prépare plus maintenant à ces glorieuses résurrections dans l'azur. Nous sommes sûrs, qu'en cela du moins nos fils différeront d'elles. Moi qui suis encore d'une génération spiritualiste, tout ce qu'ont pu dire les piqueurs d'insectes et les collectionneurs de lépidoptères n'a pas diminué ma sympathie pour les phalènes bruyantes qui traversent les nuits d'été, en secouant autour d'elles une poussière d'or, habillées de velours majestueux et qu'affole la lumière.

II

Car c'était la clarté du gaz, tant regretté par un économique patron, qui avait attiré celle-là dans cette façon de piège et l'y retenait, voletant comme une bête folle, d'un bec à l'autre, se heurtant aux globes de verre, retombant et s'élevant de nouveau pour recommencer cette course aveugle et désespérée vers une mort effroyable et certaine. Car, plusieurs fois déjà, en passant au-dessus de la flamme, celle-ci avait fait monter un crépitement dans la chair de l'insecte sonore, et le duvet brûlé de ses ailes déjà chauves avait laissé celles-là transparentes et unies avec des nervures pareilles à celles des feuilles mortes. Mais rien n'avait découragé cette fureur du bûcher qui rappelle l'héroïque folie des martyrs et la fable auguste de Déjanire, et, les antennes dépouillées, le corselet à vif, le papillon nocturne semblait poursuivre, avec des délices et d'incomparables voluptés, son rêve de destruction volontaire et d'anéantissement dans la clarté.

Et vous auriez voulu que le poète, souvent endormi, mais qui vit toujours en moi, ne suivît pas avec d'indicibles émotions, avec d'inexprimables et fraternelles envies, le suicide bizarre et sublime, cette grande leçon de tout ce qui a des ailes à tout ce qui rampe ici-bas!

Que font donc autre chose ceux d'entre nous qu'un incurable besoin d'idéal torture? Cette horreur des suicides, qui de nous ne l'a sentie dans le chemin obscur des destinées? Cet éblouissement des constellations lointaines et des clartés inconnues, qui de nous ne l'a pressenti, qui ne l'a souhaité, qui n'a rêvé de s'y enfouir comme dans un linceul de lumière et de s'y rouler dans de mortels infinis? Cet âpre trépas sous la morsure des flammes libératrices de tout ce qui est immatériel en nous et brave le feu lui-même, qui n'en a appelé les gloires cruelles au secours de nos inutiles désespoirs?...

III

Cependant les chapeaux de paille des canotiers en délire volent derrière la phalène pour l'abattre à terre et les belles filles idiotes, tout à l'heure assoupies sur leurs chaises, maintenant réveillées pour le mal, cherchent à la piquer contre le mur, quand elle s'y frôle, du bout malpropre de leur ombrelle. Oh! comme tout ce qui rampe a horreur des ailes! Toutes les stupidités, toutes les cruautés, tous les infects appétits de destruction et de supplice sont déchaînés et s'acharnent contre cet être glorieux, amoureux du feu, sorti du tombeau des ombres. Mais il passe, à travers toutes ces menaces, fidèle à la torture qu'il a choisie et qu'il veut, rayant l'espace de zigzags fantastiques et l'emplissant d'une fanfare d'immortalité, soulevé à peine par ses ailes déchiquetées, mais emporté par un désir plus rapide que des ailes. Les chocs eux-mêmes ne l'arrêtent plus ; il est comme invisiblement enlacé dans un tourbillonnement. Un globe, plus lumineux que les autres, l'attire, le patron économe ayant fait baisser tous les autres becs, non pas pour lasser le papillon sublime, mais pour décourager ses chasseurs. Comme attachée à une spirale invisible, la phalène y descend vertigineusement, le long d'une courbe qui se rétrécit sans cesse et la précipite au cœur même de la flamme. Celle-ci s'affaisse sous son poids, pour se relever dans un crépitement d'étincelles, tandis que le gros corps agonisant, sans appendices, informe et fumant, agite des ombres dans la transparence vague du verre dépoli.

Pauvre bête ! Ainsi crie la plus stupide des demoiselles. Mais déjà son amoureux a couru au bûcher du papillon, et c'est au bout d'une épingle à cheveux qu'il lui rapporte le cadavre, aux pattes recroquevillées, mais tremblantes encore, et qu'elle pique fièrement à son chapeau parmi les cerises artificielles qui s'y cognent à chaque mouvement, avec un cliquetis déplaisant.

Mais qu'importe ! Il est mort ! Il est mort dans

son beau songe de lumière! Ainsi les filles qui prennent nos baisers pour de l'amour peuvent montrer nos cœurs insensibles traversés par quelque épingle de leur toilette et fastueusement arborés parmi leurs fanfreluches. Il y a longtemps que la grande flamme d'un idéal mortel et d'une passion sans merci ont fait, du mien, un bloc de cendres que ne soulève plus l'aile consumée du désir, que ne fait plus saigner la flèche impuissante de la douleur. Telle la phalène après sa savoureuse agonie, âme délivrée, sans doute, envolée plus haut que ses inutiles ailes, vers l'idéal où tendent nos rêves de lumière et nos obscures amours.

MADAME DURAND

MADAME DURAND

I

— Je vous remercie, monsieur, de m'avoir raconté vendredi votre unique bonne fortune, me dit gracieusement un parfait gentleman, en m'abordant.

— Et pourquoi, monsieur, s'il vous plaît? lui demandai-je à mon tour.

— Mais, à vous parler franc, parce que je ne connais que la mienne qui ait été aussi ridicule.

— Je vous remercie.

— Vous auriez tort de prendre en mal mon discours. C'est un sentiment très fraternel qui m'amène à vous, et pour vous prouver que je n'ai voulu, en rien, froisser votre vanité, je suis prêt à humilier la mienne devant vous, en vous prenant pour juge.

Comprenant que j'avais affaire à un homme loyal, à un convaincu et non à un mauvais plaisant, je tendis ma main à l'inconnu. Car ce qui était consolation pour lui, allait vraisemblablement le devenir pour moi. Il y avait justement, à la terrasse d'un café voisin, un petit coin tiède, à l'ombre néanmoins, où les confidences devaient être douces, en face d'une fluide émeraude, à l'heure où les chercheuses de dîners prodiguent volontiers aux consommateurs la distraction d'un sourire, ce qui ne coûte rien. Et nous nous assîmes et nous fîmes servir et mon nouvel ami commença son récit. Je lui laisse donc la parole.

II

— Je suis avocat, me dit-il, peu chargé de causes, mais ayant quelque aisance, et je m'appelle Thomas Lariveau.

— Un nom charmant, interrompis-je avec politesse.

— J'allais à Versailles, il y a trois jours précisément. Car, depuis que les Chambres ont quitté ce séjour, Versailles est redevenu un paradis, habité uniquement par des dieux de bronze et par des ombres, ce qui repose un peu quelquefois de la bruyante société parisienne. Nous étions quatre dans mon compartiment, deux messieurs qui avaient l'air très comme il faut et une femme charmante, ma foi! J'avais eu la bonne idée de choisir mon coin vis-à-vis du sien, ou plutôt, comme elle était montée la dernière, c'était elle qui avait semblé préférer mon voisinage à celui de nos compagnons de route. On est toujours flatté de ces petites attentions-là. Une brune, avec des yeux miraculeusement brillants, de belles lèvres sensuelles, je ne sais quoi de voluptueux dans les moindres mouvements, et poussant, de temps en temps, des soupirs dont on eût pu gonfler des petits ballons pour les enfants. Infiniment de galbe et beaucoup de tenue avec cela : une personne du meilleur monde certainement. Sa toilette de bon goût ne laissait, à cet égard, aucun doute ; une toilette sombre relevée çà et là par une note de couleur gaie. Elargie démesurément par une de ces prétentions à la mode qui se refermeront bientôt en collerette, comme au temps de la belle Gabrielle, sa poitrine semblait palpiter comme un oiseau entre deux ailes de soie. De jolies mains effilées sous leurs gants de Suède trop larges ; de petits souliers en cuir jaune qui se cambraient sur un pied plein d'aristocratie.

Il y a deux tunnels considérables dans le trajet. Au premier il me sembla que ce joli soulier frôlait imperceptiblement ma bottine. Au second, je ne pus me dissimuler qu'il me piétinait avec un acharnement plein de promesses. J'ajouterai que, de temps en temps, quand le jour était revenu dans un nuage de fumée blanche, elle levait sur moi des regards mouillés de bienveillance qui me faisaient passer des frissons partout. Après tout, on n'est pas de bois.

— Ni de fer, monsieur, hélas! lui glissai-je à l'oreille.

— Je me gardai bien, continua mon camarade, de lui parler en présence des deux messieurs comme il faut. Ce sont façons de commis-voyageur qui ne sont pas les miennes. Mais, quand nous fûmes arrivés à Versailles, je laissai filer les deux intrus de belle éducation et attendis à la portière, pour aider cette belle personne à descendre en lui tendant gracieusement la main. A la pression lente et significative de ses doigts, je sentis s'accroître mon audace et je lui offris résolument le bras. Elle le prit, toujours silencieuse. Un flacre nous reçut, un flacre provincial, mais non copieux, hélas! comme ceux de Toulouse où l'on pourrait passer confortablement sa nuit de noces, après y avoir soupé avec quelques amis. Je dis au cocher : « Au bois de Satory! » Notre embarras était égal pour engager la conversation. Mais ce fut un moment délicieux tout de même. Les premiers troubles de l'amour ne sont-ils pas ce qu'il y a de plus exquis au monde? Le charmant abandon de ma compagne dans la voiture me permit quelques explorations timides encore autour de sa personne, mais pleines de découvertes heureuses. Je compris que Christophe Colomb ait solennellement remercié Dieu au seuil de l'Amérique. Soudain d'une voix mélodieuse comme un harmonium de poche :
— « Qu'allez-vous penser de moi? » me dit-elle.

Je lui affirmai, comme c'est la coutume, que rien ne prouvait mieux sa vertu que cette aventure. Car il n'est pas de bonne règle sans exceptions, ce qui me parut, en effet, un raisonnement péremptoire. — « C'est que je n'ai jamais éprouvé ce que j'éprouvai tout à l'heure, en vous regardant, » continua-t-elle avec des tintements de cristal dans le gosier.

Cette phrase m'inspira, je l'avoue, quelque méfiance. M'allait-elle apprendre que je ressemblais à son grand-oncle, ou même à un autre amant qu'elle aurait eu? Confidence que les femmes vous épargnent rarement, et qui m'a toujours été particulièrement désagréable. Car le métier de doublures vaut encore moins au lit qu'à la scène. Mais elle ajouta, ce qui me ravit alors définitivement de joie : — « Jamais je n'ai rencontré un homme qui m'eût fait une impression semblable, j'étais anéantie, vaincue, prête à vous suivre au bout du monde. » Je scellai, d'un baiser passionné, sa bouche sur ces consolantes paroles. Ses lèvres me le rendirent, et le reste de la promenade se passa en délicieuses inconvenances...

— Je vous serai obligé, cher monsieur, de ne pas insister. Je suis à jeun.

— Quelques heures après, continua M. Thomas Lariveau, nous étions installés à l'hôtel des Réservoirs, déblayé de députés, après un excellent petit dîner en tête à tête. C'était comme un rêve, n'est-ce pas? A peine m'en réveillais-je quelquefois quand elle s'écriait : — « Ah ! mon Dieu, si mon mari le savait ! » avec une angoisse comique et non exempte d'une certaine gourmandise, comme si cette pensée eût été un piment à son désir.

III

— Nous nous étions séparés de grand matin, continua mon nouvel ami, et je passai toute la journée d'hier à me souvenir délicieusement. La nuit exquise! Une chaîne de caresses se déroulant sous le tiède parfum des baisers! On m'avait promis de m'écrire et j'attendais une lettre par le premier courrier d'aujourd'hui. Un coup de sonnette retentit chez moi, à huit heures, et mon domestique m'apporta une carte, celle d'un monsieur qui tenait absolument à me parler tout de suite. Sur cette carte, était simplement écrit : *M. Durand.* Voilà qui ne m'apprenait pas grand'chose. On compte cent dix-sept Durand dans le *Bottin*. Je donnai l'ordre qu'on introduisît celui-ci.

Un monsieur entra qui me parut avoir toutes les allures d'un homme loyal et comme il faut, avec quelque chose de très résolu dans l'expression du visage. Je lui demandai poliment le motif de sa visite. — « Monsieur, me dit-il, vous êtes allé, n'est-ce pas, il y a deux jours, à Versailles par le train de deux heures trente? — En effet, monsieur, mais en quoi? — Permettez! Une dame de noir vêtue avec une pèlerine claire était dans le même compartiment que vous, n'est-ce pas? — Pardon, monsieur, mais je ne m'occupe pas de mes voisines en chemin de fer. — Assez cependant pour avoir emmené celle-là au bois de Satory, puis à l'hôtel des Réservoirs. — C'en est trop, monsieur, et je n'ai pas de comptes à vous rendre. Si c'est tout ce que vous avez à me dire, sortez à l'instant. — Cette dame était madame Durand, dit lentement et sans s'émouvoir mon interlocuteur. — Eh bien! alors, monsieur, je suis à vos ordres. »

Le Monsieur eut un sourire d'indéfinissable ironie : — « Ce n'est pas votre vie que je viens vous demander, monsieur, poursuivit-il en me regardant bien en face. On ne tue pas et on ne se fait pas tuer pour des cas pathologiques. Madame Durand est atteinte d'une affection qui a un nom en médecine et qui la rend absolument irresponsable de ses infidélités. J'ai le regret de vous apprendre, monsieur, que vous avez eu affaire à une simple nymphomane. Voici des années que je ne puis garder, à la maison, ni un valet de chambre, ni un cocher, ni un cuisinier, ni un jardinier. Autant de Josephs livrés à madame Putiphar. Parfaitement décidé à demander ma séparation, j'attendais que mon honneur fût vilipendé d'une moins ridicule façon, en d'autres termes, qu'elle me fournît une aventure plus avouable que des familiarités pour un laquais, à invoquer publiquement devant la justice. Aussi la faisais-je suivre, et vous êtes-vous trouvé à point, monsieur, pour me procurer le grief dont j'avais besoin. Je ne voudrais pas vous flatter, mais vous me convenez parfaitement pour ce service... — Vous êtes trop bon, répliquai-je. Mais qu'attendez-vous de moi? — Rien du tout. J'ai mes preuves, j'ai pincé la lettre que vous envoie ma femme. Je voulais vous prévenir simplement, et loyalement, comme il se doit entre gens du même monde, que j'allais faire requérir contre vous une légère amende et quelques jours de prison. » Et le monsieur me salua me laissant abasourdi. Eh bien, qu'en dites-vous?

IV

— Voilà, en effet, dis-je à mon compagnon d'apéritif, une aventure d'amour qui ne vaut guère mieux que la mienne. A nous deux, nous constituons un rude argument contre les délices coupables de l'adultère.

Tout à coup, un monsieur se dressa devant nous.

— Monsieur Durand! Encore! s'écria Thomas Lariveau.

Le nouveau venu nous salua avec infiniment d'aménité.

— Jeune homme, dit-il à Lariveau qui lui faisait grise mine, j'ai une bonne nouvelle à vous donner.

— Laquelle, monsieur, s'il vous plaît?

— Je viens de retirer ma plainte en adultère contre vous.

— Je vous en suis, monsieur, bien obligé.

— Ah! ne me remerciez pas. Ce n'est pas pour vous être agréable, mais parce que j'ai trouvé mieux.

— Bien flatté.

Un sénateur, monsieur Lariveau! Et un sénateur académicien. Ils sont rares. Vous êtes gentil, bien tourné, avocat, mais vous avouerez que vous êtes une pure gnognotte auprès d'un bonhomme de cette importance. Être cocu comme ça ! à la bonne heure ! Je venais vous tranquilliser.

Et M. Durand disparut, après avoir tiré courtoisement son chapeau. Je regardai Thomas Lariveau. Vous croyez qu'il avait l'air joyeux ? Non ! il avait l'air très vexé, presque humilié.

— Et vous croyez, jeune homme, que vous n'avez pas de vanité ! lui dis-je affectueusement, pour le tirer de sa rêverie.

LE NOUVEAU BÉROALDE

LE NOUVEAU BÉROALDE

I

J'étais seul, dans ma chambre de travail, mais n'y travaillant pas, j'en conviens humblement, tout aux distractions qui me venaient de la fenêtre, grande ouverte sur un admirable massif de roses, où se mêlent les pâleurs délicates de la *Gloire de Dijon* aux rouges sanglants de l'*Empereur du Maroc*, en passant par le rose de lèvres virginales de la *France* et les tons de lys jauni de *Capitaine Christi;* tout aussi à la fumée bleue de ma cigarette dont les spirales se tordaient repoussées en dedans par l'air extérieur; plus encore tout à la rêverie que berçaient les parfums du dehors qui montaient par bouffées, comme d'encensoirs lentement balancés par d'invisibles enfants de chœur. Mon manuscrit en cours d'exécution était grand ouvert sur ma table, une page blanche à droite, les pages déjà noircies retournées à gauche et ma plume s'allongeait, comme moi, en langueurs paresseuses, humide à peine, comme les yeux quand on a trop ri. Et cependant je ne travaillais pas tout à l'heure à l'un de ces contes joyeux qui me rendent indigne, paraît-il, de la société des gens sérieux. Parbleu! s'ils croient que je tiens à la leur! Mais je ne pensais guère à la mauvaise humeur des Gérontes qui me morigénent, paraît-il, quelquefois, ne prenant jamais la peine de les lire moi-même. Je m'abandonnais, en cette solitude bien douce de laborieux au repos, à la chevauchée des souvenirs qui vous emportent, au ciel, dans le pays des nuées, bien au-dessus du niveau des imbéciles et de la mer. Je fus donc médiocrement heureux de sentir ma béatitude interrompue par une forte poussée de main sur mon épaule. C'était l'ami Flibochon qui me venait faire la surprise d'une heure de conversation. Le diable l'emporte! Il y a des moments où les amis sont bien ennuyeux. Celui-là a une façon de me demander « ce que j'ai *sur le chantier* » qui me met tout simplement hors de moi. Je ne suis pas aristocrate, mais enfin le métier d'un homme de lettres n'est pas celui du tonnelier. Jamais il ne m'est arrivé de me mettre sur deux pièces de bois pour écrire et de me tirer quoi que ce soit du ventre avec un robinet. Mais Flibochon n'est pas méchant. Je n'ai pas voulu l'attrister jamais en lui faisant sentir combien cette expression était blessante et ridicule.

— Tu le vois, lui répondis-je avec douceur, en lui montrant, sur la première page retournée, le titre de mon bouquin en préparation.

— LE NOUVEAU BÉROALDE! s'écria Flibochon. Je m'en doutais. Encore un recueil d'historiettes salées comme ce polisson d'ancêtre de Verville! Il ne te suffit pas de t'être déshonoré par tes recueils antérieurs de Facéties dont les titres seuls font rougir cet homme de bien qui s'appelle le sénateur Béranger, si doux et si sucré qu'on lui attribue communément l'invention de l'anisette. Ah! frivole Armand! Tu aurais pu être général ou chef de division, comme tes camarades, si tu avais eu le propos écrit moins léger. LE NOUVEAU BÉROALDE! Il ne manquait plus que ça! Tu sais qu'il confine à l'ordure souvent, ton nouveau patron, et qu'il n'a pas toujours l'excuse d'un joli langage pour pallier ses vilenies...

Je laissais aller Flibochon. Il paraît que c'est bien amusant de m'anathématiser au nom de la morale qui n'a pas, au fond, de plus vaillant défenseur que moi. Car je ne crois pas que la vraie réside en la bégueulerie, mais bien plutôt en une grande bienveillance pour les inconnus et une grande pitié pour les souffrants. Amuse-toi, Flibochon! pensai-je. Mais, comme il aurait continué jusqu'à demain, je l'interrompis, parce qu'il commençait à exas-

pérer les fauvettes qui nichent dans les lilas, avec son bavardage.

— Tu n'y es pas du tout! lui dis-je enfin, et jamais je n'ai rien écrit de plus sérieux que ce volume. J'y traite de l'amour, il est vrai, mais avec beaucoup de convenance et de solennité même.

Et comme il me regardait avec incrédulité :

— Je vais t'en lire un ou deux chapitres au hasard, lui dis-je.

Il parut accepter avec résignation, et comme rien ne sert davantage que de lire à ses amis pour assurer, en passant, sa ponctuation, je commençai, en séparant de la masse quelques feuillets.

II

Chapitre III. — DU MÉTIER D'AMANT.

« On m'a reproché de n'avoir rien fait parce que j'avais aimé toute ma vie. Eh bien, ceux qui me traitent de paresseux pour cela, en parlent vraiment à leur aise! Je ne sais, moi qui en ai parcouru pas mal, de carrière plus occupée que celle que j'ai suivie, et qui comporte moins de diversions. Presque tous les fonctionnaires ont un congé annuel d'un mois, au moins. Jamais il ne viendra à l'idée d'un homme qui aime, de demander trente jours de non-activité périodique à qui de droit. Donc, au point de vue de la continuité studieuse, j'ai été supérieur aux fonctionnaires les plus justement estimés de leurs chefs.

» A la rigueur, un employé consciencieux peut détourner quelques heures de son temps pour les donner aux délices de caresser sa bonne amie. Mais celui qui a choisi la rude profession d'amant n'est jamais sûr d'être exact à quoi que ce soit, et, par suite, ne peut se payer le luxe de toucher des émoluments à son bureau. Jamais ses supérieurs ne le prendront au sérieux. « Un fainéant, celui qui aime ! » Ah ! mes amis ! c'est à faire bondir ! Mais il n'est pas de bénédictin d'autrefois, pas de savant d'aujourd'hui, pas de bollandiste et pas de professeur au Muséum qui se puisse vanter d'être aussi complètement possédé par ses chères études que le malheureux qui veut plaire à une cruelle et qui, nuit et jour, s'évertue à lui prouver, — ce qui n'est pas vrai, — qu'elle est obligée de le payer de retour. Ne l'avoir pas plutôt quittée qu'on cherche comment on l'abordera, le lendemain, par quelque surprise qui vous vaille un sourire; courir, comme un fou, pour chercher, au bout du monde, la fleur qu'elle aime; écrire fiévreusement des vers qu'elle ne daignera peut-être jamais lire; l'attendre sous la pluie si son caprice est de ne venir que longtemps après l'instant promis; suivre comme un insensé la voiture où on a cru l'apercevoir; faire des lieues pour la voir passer de loin !... ils appellent ça une sinécure ! Ah ! messieurs ! quelle idée vous vous faites de l'oisiveté ! J'ajouterai que jamais, au grand jamais, on n'a vu le fonctionnaire le plus zélé passer des heures au clair de la lune, devant la fenêtre de la pièce où son rond de cuir se refroidit en l'oubliant, tandis que nous, amants, nous sommes prêts à attendre des nuits entières qu'un bout de rideau se soulève, tout en sachant fort bien qu'on ne pense plus à nous.

» Braves gens qui donnez vos sueurs à l'Etat, un peu de pitié pour les vrais forçats de la vie, nous sommes les piocheurs infatigables que ne décourage aucune déception, ceux dont aucun déboire n'altère l'inébranlable dévouement à ce maître injuste qui s'appelle la Beauté. Et nous n'avons pas de retraite, nous, au bout de trente ans de ce labeur? Notre retraite, c'est la risée des jeunes filles pour nos cheveux blancs; c'est l'indifférence railleuse de la femme aux rides qu'elle a mises, elle-même, à notre front. Quand nous n'avons plus, au cœur, de sang à faire couler sous ses pieds, nous sommes comme les bêtes à qui un reste de torture fait regretter de n'être pas abattues. Et pendant ce temps-là, vous, les heureux du monde, vous vous gobergez dans un doux traitement incessible et insaisissable qui vous permet de mourir tranquilles entre les bras de vos enfants naturels et sous la malédiction caressante de vos créanciers!

» Aimer! Aimer! la plus laborieuse des carrières, le plus impitoyable des métiers! Et jamais on ne nous élève de statues, et les orphéons passent, sans nous nommer, au comice où la gloire des inventeurs, des ingénieurs, des agronomes, des militaires, des avocats et des politiciens est célébrée en musique.

Travailler sans relâche et mourir sans renom,

voilà ce que c'est qu'aimer! »

— C'est, en effet, un métier de fichue bête, observa Flibochon. Mais comment conclus-tu ?

— Je n'ai pas terminé encore le livre, mais j'en ai écrit le dernier chapitre. Il te dira comment je conclus.

III

Chapitre XXIV et dernier.

L'AMANT GLORIEUX.

« O vous tous que l'ambition et la soif des honneurs traînent, vivants, sur des claies, vous qui bravez jusqu'au mépris de vous-mêmes pour arriver à la considération publique, qui vous ruez aux croix, aux honneurs, à toutes les vanités du monde qui se payent en servilités, si vous saviez de quelle hauteur sereine nous vous contemplons, nous qui n'avons porté en nous que l'amour sacré de la Femme, qui n'avons eu de loi, dans la vie, que son sourire, et de maître que sa beauté ! Nous sommes pleins de pitié pour vous, je vous le jure, qui vous êtes contentés de si peu ici-bas ! Car, en vérité, chacune des minutes qui nous ont donné la joie ineffable d'aimer vaut mieux qu'une éternité de la fausse estime dont vous entoure l'abjection de ceux qui ont besoin de vous. Toute la pourpre de vos robes, tout l'or de vos broderies, toutes les plumes de vos chapeaux, toutes les fanfares qui saluent votre passage, tous les discours dont on vous bombarde, toutes les clameurs des banquets où l'on vous acclame, toutes les accolades sur les estrades hérissées de drapeaux, tout ce néant, tout ce bruit, tout ce vent pour un baiser pris, le soir, dans l'ombre parfumée d'une chevelure! Etalez-vous, pavanez-vous, gobergez-vous, vous ne couvrirez jamais plus de place que celle du tombeau dont le marbre apprendra, à la brise qui s'en moque, votre nom. Nous autres, les amants, nous vivons dans le ciel comme les oiseaux ; nous montons dans l'azur des ineffables délices et nous plongeons dans les gouffres des désespoirs inouïs. Qu'importe! nous nous sentons des ailes! Nous, nous ne marquons pas notre place sur la terre, soit! Mais nous sommes les hôtes du grand Infini où se rêvent les immortelles destinées. Le pied léger de l'hirondelle ne laisse pas de trace là où s'enfonce le pied lourd du pingouin dans l'épaisseur fangeuse des sables. Nous sommes l'hirondelle toujours en quête du printemps et du soleil, père des baisers et des fleurs.

» Ne nous plaignez pas! Nous sommes cyniquement heureux de n'être rien, rien que des amants, c'est-à-dire les lévites du dernier idéal humain et qui console encore de vivre! »

Flibochon, après un moment de silence, me dit :

— Tout cela ne m'explique pas pourquoi ton livre s'appelle : LE NOUVEAU BÉROALDE ?

— Comment s'appelait le livre de celui-ci?

— LE MOYEN DE PARVENIR, parbleu!

— Eh bien, mon cher Flibochon, le mien devrait avoir pour titre : « *Le moyen de ne pas parvenir.* »

LE BEAU PÂRIS

LE BEAU PÂRIS

I

Pourquoi le capitaine Bistouille, non content d'avoir dépouillé sa lourde cuirasse, son sabre étincelant, son casque empanaché, avait-il fait encore voler derrière lui ses bretelles en élastique rose, puis successivement mis à terre sa culotte et son caleçon, fait enfin passer sa chemise au-dessus de sa tête, ayant gravement glissé sous un fauteuil ses chaussettes, c'est une question à laquelle je répondrais par un mensonge en vous affirmant que c'était pour piocher sa théorie. Il avait deux raisons excellentes pour expliquer cette nudité radicale : d'abord l'extrême chaleur d'une après-midi d'août ; puis la société de madame Chichevent qui lui avait accordé cette après-midi. Car, mieux vaut vous le dire tout de suite, cet officier cocufiait à mort, — si l'on en meurt jamais, — le sieur Chichevent qui, d'ailleurs, ne méritait aucune autre preuve d'estime. Car c'était un vilain bougre, affreusement riche et propriétaire d'un tas d'immeubles dont il persécutait les possesseurs provisoires pour les contraindre méchamment à payer leurs loyers. Lui-même s'occupait de leur recouvrement, et il ne vous hésitait pas à flanquer à la porte les pauvres diables qui lui devaient à peine une demi-douzaine de termes. Je vous prie de croire qu'il n'était pas populaire dans le quartier et qu'il aurait eu beau se qualifier de progressisto-socialico-radical, qu'il n'eût pas eu une voix aux élections municipales. Aussi ce méchant drôle passait-il sa journée à harceler ses débiteurs. Mais, ce jour-là, le malheur voulut qu'il eût fini sa lâche besogne trois heures plus tôt que de coutume, si bien qu'il rentra chez lui sans y être attendu, même impatiemment, — au contraire, — ce qui contraignit l'héroïque capitaine Bistouille à se sauver par l'escalier de service, cependant que sa bonne amie enfournait toute sa défroque dans un placard.

Or, ne vous y trompez pas, — si beau que soit le temps, — c'est toujours une chose gênante de se trouver tout nu, dans un escalier, à trois heures de l'après-midi. Ça attire sur vous l'attention des personnes qui le montent et qui le descendent. Le capitaine n'aimait pas à se faire remarquer dans le monde ; et puis la situation est particulièrement embarrassante pour un homme bien élevé. Pas de chapeau pour saluer les dames qui montent et impossible de leur faire décemment face pour les laisser passer devant soi, comme le recommande la courtoisie. L'escalier fût-il de service, je vous déclare qu'on n'y sait quelle tenue prendre à l'endroit des fournisseurs qui le gravissent, embarrassés de paquets, et des petites bonnes qu'un rien fait s'esclaffer de rire. Le pis est qu'il serait malséant encore de sortir dans cet état, de traverser la petite cour sous l'œil écarquillé du concierge et d'aller sur le trottoir faire des agaceries aux cochers.

Bistouille, comprenant toute l'horreur de sa situation, était d'une perplexité épouvantable et descendait machinalement les marches, lentement, de peur de se heurter à quelque quidam bégueule, rêvant d'engloutir dans quelque cave lointaine son embarrassante musculature. L'idée lui venant que les caves sont encore plus fréquentées, quand il fait chaud, que les greniers, il rebroussa chemin et se dirigea vers les combles de la maison. Mais il se trouva que ceux-ci étaient occupés tout entiers par l'atelier du peintre Minotet, un gaillard assez mal avec le sieur Chichevent, parce qu'il payait rarement son terme, très gai d'ailleurs de nature, ce qui vaut mieux que d'être un locataire modèle, pour tout le monde au moins, excepté le propriétaire. Or, au moment où Bistouille atteignit le seuil de l'atelier, la porte de celui-ci était entr'ouverte.

Il la poussa doucement et se trouva dans une grande pièce vitrée d'un côté ; un grand tableau inachevé s'y dressait, représentant vaguement un guerrier grec en train d'enlever une femme dont le visage était indiqué seulement par quelques traits et une tache. A côté, et sur un escabeau, une espèce d'Italien sans habits fumait silencieusement sa pipe, en attendant le peintre. Bistouille eut une idée de génie.

— Camarade, fit-il au petit-fils de Romulus, veux-tu gagner cinq louis ?

— Chi, chignor, fit le fumeur qui avait un fort accent auvergnat.

— Eh bien, fiche-moi le camp et laisse-moi prendre ta place. Voilà ton argent. Laisse-moi tes guenilles et habille-toi comme tu voudras.

Le modèle ne se le fit pas dire deux fois. Il passa une cape de gentilhomme qui lui allait à ravir et disparut, en saluant avec componction. Le peintre Minotet entrait un instant après, sans l'avoir heureusement rencontré. Il lui sembla bien que son modèle avait changé. Mais, comme il n'était pas curieux, qu'il avait conscience d'avoir bu un peu trop de vin clairet et qu'au demeurant le capitaine faisait exactement son affaire, il se remit à la besogne et avec la conscience d'un homme qui a des remords à apaiser. Il fut même si content de ce qu'il fit, qu'en congédiant Bistouille, après trois heures de pose, et en lui mettant gracieusement quinze francs dans la main, il lui dit : « Du diable si je retouche à ta gueule : tu es le Pâris de mes rêves ! »

II

Bistouille parti, déguisé en Fra Diavolo peu fortuné, Minotet très en train de travailler, pour ce que le vin clairet qu'il avait bu était d'un cru berrichon où le vin donne des idées, tira de sa poche une photographie qu'il commença par couvrir de baisers. C'était celle d'une femme du monde dont il était idiotement amoureux, qu'il avait souvent rencontrée dans le voisinage, et dont il avait chipé l'image chez une bonne de la maison qui logeait sur le palier et qui avait des bontés pour lui. Très idéaliste, voire platonique, et exempt de toute curiosité, l'artiste n'avait jamais recherché l'état civil de la mystérieuse inconnue, et s'était contenté de s'écrier, dans le plus pur accent languedocien : — « Toi, je t'immortaliserai dans un de mes chefs-d'œuvre! » Et le moment était venu. Et, avec un redoublement d'application, il commença de peindre, d'après la photographie, la tête de la femme qui était enlevée, dans son tableau, par un guerrier grec. — « C'est Hélène toute crachée! » pensait-il. Ménélas lui-même s'y serait trompé, s'il avait eu besoin de quelqu'un pour le tromper. Son extase fut interrompue par l'entrée du propriétaire. A peine eut-il le temps de rabattre un coin de serge verte sur son tableau et de le retourner. M. Chichevent avait l'air soucieux. Il avait trouvé sa femme toute drôle et, si peu observateur qu'il fût, il s'était étonné qu'elle eût égaré la clef d'un placard où il avait précisément à prendre quelque chose. Une chaussette oubliée sous la chaise avait aussi attiré son attention. Un autre eût immédiatement commencé une sévère enquête. M. Chichevent était un homme paisible et craignant, avant tout, le tapage. Il se contentait d'être soucieux, très soucieux, et même d'assez méchante humeur. Le pauvre Minotet en supporta le contrecoup.

— C'est entendu, monsieur, lui avait-il dit, si dans huit jours vous ne m'avez pas payé l'arriéré, je vends vos enseignes.

— De grâce, monsieur, s'était écrié Minotet, donnez-moi quinze jours encore. La ville de Versailles a organisé une grande exposition où je compte envoyer un tableau que je vendrai certainement très cher. Un sujet convenant tout à fait au goût de la ville.

— Je suis de Versailles, monsieur, avait répondu sèchement Chichevent; je sais qu'on y organise une exposition, en effet, mais quant à y vendre quelque chose, c'est différent. Vous ne connaissez pas ma patrie.

Et il sortit en faisant claquer la porte et en grommelant des menaces.

III

L'exposition de Versailles bat son plein. Il y a du monde même dans les rues. D'aucuns s'imaginent que les Chambres y sont revenues et que le congrès s'assemble. De bons vieux hochent la tête, sous les quinconces séculaires du parc, en maudissant l'ère des révolutions. On vit très vieux à Versailles. Un public select seulement fait un tour au Salon provincial et M. Chichevent, qui est venu passer là le dimanche, y vient faire un tour avec sa femme, ne fût-ce que pour s'assurer que ce menteur de Minotet a bien envoyé comme il lui avait dit. Il n'y a pas précisément foule dans les galeries, mais un attroupement relativement considérable s'est formé devant une toile dont il aperçoit seulement le numéro situé en haut du cadre. Il regarde son catalogue et lit : *L'Enlèvement d'Hélène.* Auteur : Minotet ! — « Palsambleu! pense-t-il. Mais le gaillard ne m'a pas trompé. Son tableau a un succès énorme et est capable de se vendre ! » Et il s'approche, entraînant sa femme qui ne partageait pas précisément sa curiosité, mais qu'un autre mobile attirait vers ce groupe sympathique. Il était, en effet, presque complètement composé d'officiers de cuirassiers appartenant à l'ancien régiment du capitaine Bistouille, qui n'avait permuté pour être à Paris qu'afin de se rapprocher d'elle. Et lesdits officiers semblaient prendre un plaisir infini à regarder ce tableau; et ils s'exclamaient, et ils disaient : — « C'est bien lui ! Il est frappant ! » J'espère que vous avez compris. Ils reconnaissaient tous le camarade Bistouille dans le beau Pâris en train d'enlever Hélène. Et joyeusement ils applaudissaient, entourant Minotet et le félicitant. Car le gaillard, aussi, faisait foule devant son tableau, et ne laissait ignorer à quiconque que ce fût son œuvre.

Enfin, M. Chichevent a fini par rompre cette muraille humaine, toujours tenant à son bras madame Chichevent infiniment distraite par les souvenirs qui lui venaient de l'uniforme autrefois adoré, quand Bistouille lui faisait la cour, les jours de permission seulement. Minotet, glorieux comme un paon, vient au-devant de son propriétaire avec un : Eh bien! sur les lèvres. Mais soudain il pâlit, et veut absolument s'interposer entre la toile et lui, le repoussant avec des gestes comiques et désespérés. Jugez donc de son angoisse! Dans madame Chichevent, à qui il n'avait jamais été présenté, il venait de reconnaître la belle inconnue dont la photographie et le souvenir lui avaient servi de modèle. Ce qu'il avait exposé, ce n'était pas, comme le disait ce catalogue imposteur : Pâris enlevant Hélène, — mais bien le capitaine Bistouille tout nu enlevant madame Chichevent dans le *même* costume.

Chichevent était obstiné. Il dispersa la barricade, surmonta l'obstacle, vit le tableau et entra dans une colère épouvantable. A bras raccourci et à coups de parapluie il tomba sur le malheureux Minotet. On l'emmena au poste, mais pas avant que, jetant un dernier regard sur le cadre, il n'eût lu, en bas, ces mots formidables : ACHETÉ PAR LA VILLE POUR LE MUSÉE.

M. Chichevent sera immortellement déshonoré dans sa ville natale. Minotet sera décoré. Bistouille, dont ses chefs peuvent mieux apprécier le physique, aura de l'avancement. C'est bien fait. Tout pour les braves gens.

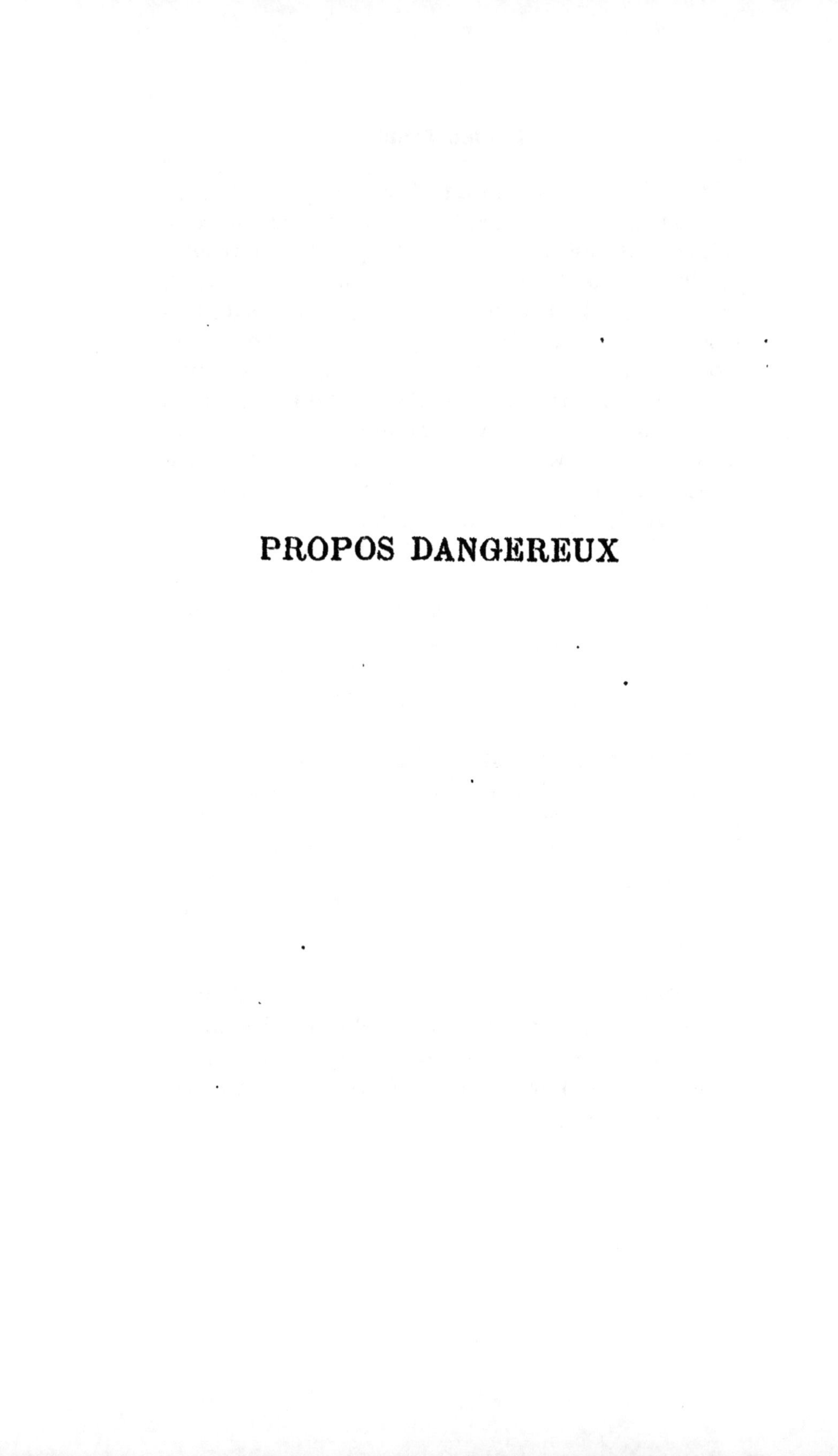

PROPOS DANGEREUX

PROPOS DANGEREUX

I

A Roybet.

Rien n'a manqué à votre triomphe, mon cher Roybet ; pas même la mauvaise humeur des envieux. Avouez qu'ils nous ont bien fait rire. Mais il n'est sujet de gaieté qui ne s'épuise. Cherchons-en un autre dans quelque bon conte joyeux, comme s'en contaient nos pères, — au coin de l'âtre, en hiver,

— sous les tilleuls en fleurs, au temps de la saison où nous sommes. Parbleu! je vous dédie celui-là; que tout le monde sache que vous n'êtes pas seulement un admirable peintre, mais un excellent « compaignon », comme disait Rabelais, le Maître, de ceux qui aiment à rire.

Il est certain que les volets de la maisonnette de M.Irouflet étaient devenus d'un vert jaune et pisseux qui en déshonorait la façade. Mais était-ce une raison suffisante pour que madame Mirouflet martyrisât positivement son mari, le traitant quotidiennement de fainéant et de propre à rien parce qu'il n'avait pas consacré encore un dimanche à les repeindre? Toujours est-il que ce mauvais procédé, presque comme tous les mauvais procédés d'ailleurs, devait réussir. Car, ce samedi-là, M. Mirouflet avait sournoisement acheté, dans l'intention de s'exécuter enfin, une jatte d'un vert éblouissant et admirablement siccatif; sournoisement, ai-je dit, parce que l'excellent homme voulait faire une surprise à sa femme, en profitant, pour faire le petit Raphaël, du moment où elle serait à la messe le lendemain. Ainsi lui serait pardonnée certainement sa longue paresse. Quelles bonnes bourriques de gens nous sommes, tout de même, avec les femmes!

Or, madame Mirouflet étant rentrée juste au moment où il allait cacher le fameux pot à couleur sur la fenêtre, sous un enlacement de volubilis, il n'avait eu d'autre ressource que de l'enfouir sous le lit, pour qu'elle ne le vît pas. Heureusement que le vert était non seulement éblouissant et admirablement siccatif, mais aussi invraisemblablement inodore.

Quand le dîner fut achevé, mélancolique au demeurant, malgré quelques petits verres d'anisette au dessert, madame Mirouflet dit à son mari :

— J'espère bien que vous allez faire votre promenade. Vous savez que le médecin vous défend de vous coucher avant d'avoir marché vos quatre kilomètres.

— J'en marcherai volontiers six ce soir, dit Mirouflet. Jamais je n'ai été si en train.

— C'est cela. Pourvu que vous soyez rentré avant minuit, prenez-en à votre aise et ne vous échauffez pas à marcher trop vite.

M. Mirouflet sortit un instant après en se disant :

— Pauvre femme ! Elle est bien embêtante, mais elle m'aime beaucoup, au fond, et s'occupe toujours de moi. Je suis un monstre de la tromper aussi indignement, mais je lui repeindrai demain ses volets, et ça apaisera toujours un peu mon remords.

Et, ayant regardé à plusieurs reprises derrière soi, pour s'assurer qu'il n'était pas suivi, il prit le chemin de la maison de son ami Taupinasse, qu'il avait pris la douce habitude de faire cocu pendant que celui-ci était à son conseil de fabrique. Aussi vit-il, en effet, Taupinasse sortir à l'heure accoutumée, blotti qu'il était, lui-même, derrière un mur, et put-il aller tranquillement ensuite à son rendez-vous. Sans bruit la porte s'ouvrit devant lui, puis se referma sur ses talons, et les petites étoiles commencèrent à clignoter de leurs yeux d'or en riant, dans le ciel bleu, des méchants tours que se font les hommes.

Et il y avait bien de quoi rire, en effet. Car Taupinasse, de son côté, n'allait pas plus à son conseil de fabrique que moi. Mais, à son tour, par belle réciprocité de service et en honnête homme qui paie soigneusement ses dettes, il s'en allait faire cocu... qui? Parbleu! son ami Mirouflet avec qui un instinct sublime ne lui permettait pas de rester en compte. Car nous n'avons pas affaire à deux saligauds conscients de leur mutuel déshonneur. Je ne vous laisserai pas, mon cher Roybet, en si mauvaise compagnie de ruffians bourgeois et sans grandeur, non pas empanachés comme vos reîtres, mais ne crevant, des cornes, que leur bonnet de coton. Personne ne croyait plus à la vertu de sa femme que Taupinasse, si ce n'était peut-être Mirouflet. Taupinasse aussi se faisait de muets reproches et se promettait *in petto* d'offrir un croque-en-bouche en nougat à sa femme le lendemain, pour se mettre en paix avec sa propre conscience.

C'est même dans ces sentiments exquis de mari repentant qu'il fit son entrée chez madame Mirouflet. Sans bruit la porte s'ouvrit devant lui, puis se referma sur ses talons; et les petites étoiles s'esclaffèrent à nouveau, dans la radieuse sérénité de l'azur, échangeant de petits regards qui mettaient, dans l'étendue, une gaieté dont les phalènes au vol de velours étaient grisées, et qui faisait se cogner aux murailles les chauves-souris comme des grives saoules de vendanges.

II

— Nous avons tout notre temps, mon amour ! avait dit madame Mirouflet à Taupinasse. L'animal ne rentrera pas avant minuit.

— D'autant, ajouta joyeusement Taupinasse, que j'ai prévenu ma femme que le conseil de fabrique durerait une partie de la nuit.

Et avec le cynisme que donnent les impunités probables, mon Taupinasse se déshabilla, comme chez soi, ne gardant que sa peau pour chemise, encore que chez lui il conservât celle-ci, outrant l'inconvenance pour bien marquer l'abîme qui sépare les joies adultères des amours légitimes. Ainsi dévêtu comme un gros saint Jean, il se bouta dans les draps de son ami, impétueusement, indécemment, pour y fourrager en plein déshonneur de Mirouflet absent. Et ce qu'ils rirent tous les deux, madame Mirouflet et lui, des exercices kilométriques qu'un médecin complaisant avait prescrits à leur victime ! Ils en rirent vraiment autant que de l'invention de ce conseil de fabrique qui tenait des séances de nuit ! Mais s'ils n'avaient fait que rire, c'eût été bien innocent. Ils firent autre chose encore et avec un entrain !... Sortons ! sortons ! mon cher ami. Mais n'allons pas chez Taupinasse où nous en trouverions tout autant, où l'on rit aux larmes aussi de la naïveté de madame Mirouflet et de Taupinasse, où l'on faisait autre chose aussi et avec le même entrain déshonnête. Mon Dieu, qu'un petit coin de vertu est donc difficile à trouver sur la terre ! Si nous allions causer avec les petites étoiles dont les paupières se lassent et dont les cils d'or mettent, dans le ciel, un humide scintillement que les amoureux prennent pour le reflet de leurs larmes dans la mer immense suspendue là-haut ?

Mais dans le silence de l'air nocturne, les mots murmurés tout bas parviennent encore à notre oreille.

— Je vous assure, mon trésor, que votre mari m'a regardé drôlement, l'autre jour, au banc d'œuvre, dit Mirouflet à madame Taupinasse. Aurait-il quelques soupçons et quelque intention de nous surprendre ?

— Vous êtes fou, Papoul. Partez si vous avez peur. Mais je veux bien que mon mari ait le cul vert, s'il se doute de rien !

C'était une locution familière à cette aristocrate madame Taupinasse qui était d'une famille très distinguée.

— Ange ! murmura Papoul Mirouflet, laisse-moi partir.

Sans bruit, la porte se rouvrit devant lui, puis se referma sur ses talons et les petites étoiles redoublèrent d'attention et, très espiègles, allumèrent la queue de quelques comètes pour éclairer l'espace, lesquelles se mirent à courir en tous sens, ayant le feu au derrière.

III

— Ah! mon Dieu! fit madame Mirouflet. Mon mari!

Mirouflet rentrait, en effet, grâce à la terreur qui lui était venue du remords, une bonne heure avant celle où il était attendu. Sa femme enfouit immédiatement, suivant la mimique classique, les habits de Taupinasse dans un placard, cependant que celui-ci se fourrait violemment sous le lit, mais non sans renverser la jatte de couleur, laquelle inondait immédiatement de ruisseaux verts le sol de sa cachette. Dans la mare qu'ils firent en se rejoignant, il dut s'étendre sur le dos, se soulevant sur ses coudes autant qu'il le pouvait, pour garantir au moins du bain ses épaules et sa nuque. Dans une position aussi incommode que ridicule, il dut attendre jusqu'à ce que madame Mirouflet, toujours fidèle aux procédés classiques, eût envoyé son mari chez un pharmacien lointain, en simulant quelque indisposition subite. Durant cet entr'acte à sa torture, Taupinasse put se rhabiller à la hâte et disparaître comme un voleur, la peau des reins et de ce qui les suit postérieurement affreusement mordue par les astringences siccatives du vert qui la craquelait, en séchant, et lui procurait des tiraillements insupportables. Ainsi regagna-t-il ses lares et pénétra-t-il sur la pointe des pieds dans la chambre où madame Taupinasse faisait semblant de dormir, mais semblant seulement. Car ses paupières, lasses de plaisir, meurtries et lourdes de volupté, n'étaient qu'insuffisamment closes, et, d'un regard oblique, coupé par ses cils abaissés, elle n'en suivait pas moins les moindres mouvements de son mari, à la lumière très nette d'une lampe de nuit qu'elle laissait toujours allumée. Car les paroles de Miroufiet lui avaient laissé quelque inquiétude au cœur.

Donc Taupinasse, sans perdre un moment, se déshabilla. Mais quand, tournant le dos au lit, il eut soulevé sa chemise, puis laissé choir son pantalon, malgré elle, madame Taupinasse laissa échapper un cri. Son mari avait le cul vert ! Vert comme une émeraude. Un mauvais génie avait entendu son propos dangereux et Taupinasse se doutait ! Pendant que tout cela se passait dans son esprit... une seconde... Taupinasse se retourna vivement, ayant conscience de ce qu'il avait montré.

Et ils se regardèrent.

Et, n'ayant rien absolument à se dire, craignant de se trahir au moindre mot :

— Bonjour, ma petite femme !

— Bonjour, mon petit mari !

Et tranquillement ils se mirent l'un près de l'autre, n'osant rien se demander l'un à l'autre, également heureux de la discrétion réciproque qu'ils mettaient à s'interroger, et les petites étoiles, convaincues qu'elles n'en sauraient jamais davantage et que la comédie était finie, se mirent à jouer, comme des folles, à cache-cache, derrière de petites nuées qui semblaient, elles-mêmes, des bouffées de rire envolées par le ciel.

RALLYE-PAPER

RALLYE-PAPER

I

Comment mon ami Dufessier était devenu explorateur? Comme je l'aurais pu devenir moi-même seulement : par un désespoir d'amour. Car c'était un être essentiellement débonnaire, toujours comme moi, et n'ayant aucun goût pour les conquêtes, rêveur et sans aucune curiosité de ce qui se passait ailleurs. A mon instar encore, il considérait comme de dangereux malfaiteurs les gens qui s'en vont, au nom de leur gouvernement, apporter à des sauvages qui ne la réclamaient pas une civilisation dont ils n'ont que faire. Il est vraisemblable que les mœurs de chaque peuple se sont formées suivant les convenances du climat. Il est donc parfaitement absurde de leur en imposer d'autres. Il est vrai qu'on commence généralement par détruire les races auxquelles on apporte la bonne parole, pour s'installer à leur place, ce qui est plus simple que de les transformer. J'admire le dévouement des missionnaires, mais je ne suis pas fâché quand les anthropophages en font rôtir quelques-uns, parce que je suis pour la tradition, avant tout, et pour le respect de la cuisine nationale. Les libres penseurs ont longtemps déjeuné et dîné de jésuites et il paraît que c'est très bon. Derrière le bréviaire de ces moralisateurs, j'aperçois toujours les canons qui diront l'Amen de leur antienne. Bons sauvages, ne vous gênez pas de manger ceux de mes compatriotes qui iront vous embêter. Mon cœur, comme un faux filet, est avec vous.

Mon ami Dufessier pensait absolument comme moi, ce qui ne l'avait pas empêché de s'embarquer pour les contrées les plus lointaines, tout ça parce que l'amour choisit toujours ce qui nous est le plus antipathique et odieux pour nous le faire faire. C'est une façon, à lui, de prouver sa toute-puissance. Il est comme la foi, qui exige le sacrifice de tout raisonnement. *Credo quia absurdum.* Mais à l'amour il faut des actes. *Ago quia absurdum !* Dufessier n'avait pu supporter ni Paris, ni la France, ni l'Europe, ni l'ancien continent, parce que sa maîtresse lui avait écrit un jour : « Mon petit homme, j'ai un vieux qui me fait une position. Adieu, je t'adore. Ta fidèle Victoire. » Il n'en avait pu croire ses yeux. Puis, quand il ne lui fut plus permis de douter, il se rua en un désespoir épouvantable et jura d'aller mourir au loin, sur une plage inconnue, en murmurant aux alcyons le nom de l'infidèle. Car il aimait toujours et, comme une relique, il avait gardé sur son cœur le billet touchant qui lui signifiait son congé. C'était toujours quelque chose d'elle! Il le retirait souvent et sanglotait comme une gouttière par les pluies d'orage. Godiche, mais sublime, ce Dufessier. Embarqué quelques jours après, il fit une longue traversée et se fit mettre à terre dans une île qui lui parut devoir être un agréable tombeau. Il avait compté sans une société choisie qui lui fit un accueil tellement flatteur qu'il s'accorda à lui-même un sursis. L'île était habitée, en effet, par des tribus à la fois très belliqueuses et très hospitalières, une race très chevaleresque, pleine de sérieux, de religion, dévote et admirablement chatouilleuse sur le point d'honneur. Quand il eut juré qu'il n'était pas Anglais, on le traita comme un étranger de distinction et on donna des fêtes en son honneur. Un mois après, il était amoureux fou de la fille d'un puissant chef de tribu. Et Victoire? Ah! il n'eût pas fait bon de lui parler de Victoire. — Une courtisane! une tête sans-cœur... un peu grêlée d'ailleurs. Et sa dernière lettre? Il s'en fichait pas mal maintenant et l'avait fait descendre de la poche intérieure de son gilet à la poche la plus banale de son paletot. C'est le contraire des portraits des premiers maris qui remontent, eux, de la chambre à coucher au premier.

Honnête d'ailleurs dans ses vues, — il savait que les mariages contractés à l'étranger ne comptent plus, une fois rentré en France, — Dufessier n'avait pas hésité un instant à demander la main de la belle O'Ménéné, et cette petite main, un peu bronzée, mais d'un dessin délicieux, lui avait été immédiatement accordée. Les fiançailles étaient célébrées la semaine suivante avec une solennité extraordinaire. Au repas que précéda un petit loto de famille, — car ce peuple aimait tous les nobles jeux, — on mangea du kanguroo, animal célèbre par l'habitude qu'il a d'empocher ses enfants, mais dont la chair est particulièrement laxative. Dufessier ne tarda pas à en ressentir les effets et dut faire, en simulant des préoccupations stratégiques impérieuses, une promenade autour du rempart de la ville (humble rempart de terre protégeant quelques centaines de huttes), car les Anglais n'étaient pas venus encore apporter, dans cet heureux pays, les sièges digestifs auxquels ils ont donné naturellement leur nom et qu'ils qualifient somptueusement, dans les instruments diplomatiques, de « bienfaits de la civilisation ». Je voudrais arrêter là mon récit pour n'avoir pas à constater qu'à cette occasion, Dufessier fit un emploi absolument sacrilège de la dernière lettre de Victoire et la lut, pour la dernière fois, de ce que j'oserais appeler : le mauvais œil.

II

Cependant tout se préparait pour les noces somptueuses qui devaient avoir lieu le lendemain. Le grand jour était arrivé. C'était un ronronnement de tambourins, un cliquetis de crécelles, un clapotement aérien de bâtonnets sonores dans toutes les huttes. Dufessier avait revêtu son plus joli complet, un délicieux costume en peau de phoque acheté en passant, à Behring, au moment des pêches pélagiques où l'on massacre des femelles dont le poil est infiniment plus fin, quand une façon de grand prêtre, le Calchas de la nation, l'aborda avec une solennité sévère :

— Etranger, lui dit-il, devant le seuil du chef vénéré dont tu souhaites l'alliance, nous avons trouvé, ce matin, un grimoire mystérieux qui nous fait tout l'effet d'un maléfice jeté par toi...

Et il lui tendit, froissée, méconnaissable et indignement parafée la lettre de Victoire qu'un vent capricieux (un vent du ciel, s'entend) avait roulée sans doute, comme une feuille morte, dont elle avait, par endroits, la couleur, jusqu'à la porte de son futur beau-père.

— Homme de dieux, lui répondit Dufessier, qui avait de la repartie, combien tu te trompes ! Dans nos coutumes françaises, au contraire, une idée de bonheur s'attache à la rencontre d'objets de la nature de celui que tu m'apportes, et c'est un grand signe de chance quand on met le pied sur l'un d'eux, en franchissant son seuil.

— « Me le jures-tu sur tes saintes croyances et l'os bertrand de ton aïeul paternel ? demanda, d'une voix émue, le prélat océanien.

— Je te le jure ! fit Dufessier qui, au demeurant, ne commettait aucun sacrilège, puisque cette superstition d'un goût douteux est, en effet, parmi nos croyances populaires.

Alors le doux pontife prit dans ses bras notre Dufessier, en l'appelant son fils bien-aimé. Et, après plusieurs étreintes, il lui dit :

— Rakakatoumi (c'est la traduction de Dufessier en océanien), tu seras heureux.

Et on servit au repas, qui suivit les épousailles, un nouveau ragoût de kanguroo dont tout le monde, sauf Dufessier qui en connaissait les inconvénients particulièrement déplaisants pendant une nuit de noces, mangea avec un appétit confinant à l'ostentation.

Ce que cette attention avait de délicat, il le comprit le lendemain matin seulement.

III

Quand, en effet, après une nuit d'ivresses légitimes, Rakakatoumi et O'Ménéné voulurent franchir le seuil de leur hutte pour aller soupirer une idylle dans les champs, ils se heurtèrent à une véritable barricade de petits papiers chiffonnés dressés à leur porte par la sollicitude de leurs parents et amis. Tous ces petits papiers soigneusement parafés, comme l'avait été la lettre de Victoire, étaient, dans l'intention de leurs généreux donateurs, autant de porte-bonheur mis sur le chemin du jeune ménage. Il en retrouva, tout le long de sa promenade amoureuse, de tout pareils que le zéphyr lui balançait sous le nez comme de beaux papillons aux ailes drapées. Une brise de mer plus forte en fit un véritable tourbillon aux gracieuses volutes dont l'île fut enveloppée, juste au moment où une compagnie de cavalerie anglaise y débarquait. Les jolis cavaliers de la reine, croyant à un phénomène naturel, se mirent à les poursuivre et c'est ce jour-là, à cette occasion, que fut inventé le *rallye-paper*.

Cependant le grand prêtre, le Calchas local, revêtu de ses plus beaux vêtements sacerdotaux, en un cortège de lévites océaniens, qui brûlaient des cinnames et de symboliques benjoins, apparut en apportant un plus grand que tous les autres dans une châsse richement ciselée et d'un superbe travail. C'était un numéro du *Times* tout entier tombé de la poche d'un cavalier anglais et que le clergé de la tribu s'était complu à historier lui-même.

Le jour suivant, les petits cadeaux recommencèrent, et le pauvre Dufessier fut obligé de quitter furtivement le pays pour se dérober à ces ovations... j'allais dire : « manuscrites », mais je me reprends. Il emmena toutefois, avec lui, sa charmante épouse dont il a fait simplement sa maîtresse à Paris, sous le nom de madame de Saint-Follet, traduction française, sans doute, de son ancien joli nom sauvage : O'Ménéné !

THEATRE DE SALON

8

THÉATRE DE SALON

I

Les vrais théâtres vont, à peu près tous, fermer leurs portes. La Comédie-Française, elle-même, va transporter à Londres les traditions sublimes du traité de Moscou. Le légendaire chariot de Thespis égrène ses voyageurs accoutumés le long des plages et au bord des piscines thermales. Mais ni la malice toute française du vaudeville, ni la muse facile de l'opérette, ni la gaieté philosophique des proverbes ne meurent pour cela. Ils revivent sur les scènes élégantes des casinos, avec de vrais professionnels pour interprètes. Dans les châteaux ils deviennent l'innocente proie de comédiens meilleur monde. Un cabotinage select sévit dans les salons. La chaleur même ne désarme pas les Sarah Bernhardt de l'aristocratie en villégiature, et les Coquelin de la bourgeoisie émancipée, et les Granier dont les ancêtres étaient aux croisades et les Dailly que la bureaucratie a rendus à leurs loisirs. Des godelureaux et des belles madames en profitent pour faire un tas de maris cocus. Ah ! les répétitions à huis clos coûtent cher à la morale. Il y a des rôles où il faut qu'on s'embrasse devant le public et vous n'exigerez pas qu'une honnête femme y consente sans avoir pris, dans les coulisses, une habitude sommaire de ce délassement. Tout le monde s'amuse, au demeurant, excepté ceux qui sont condamnés à assister à ces représentations fashionables. Mais, dans une démocratie éclairée, l'embêtement de quelques badauds, pendant une heure ou deux, n'entre même pas en ligne de compte avec le plaisir que de braves gens font durer un mois, en n'apprenant pas la pièce trop vite. Un tas de pique-assiettes vont se faire nourrir à la campagne par des amis opulents. C'est bien le moins qu'ils écopent de quelques tragédies inédites. C'est une façon honorable et discrète de leur faire payer leur pension en patience et en compliments. Ce n'est pas payer trop cher un excellent dîner, que d'être obligé d'applaudir des mazettes. Cependant, pour ma part, j'aime mieux en faire un mauvais.

Donc cette excellente baronne de Laqueu-Duchat

était possédée de la tentation de faire jouer aussi la comédie chez elle, en son château provincial sis non loin des rives de l'Adour, en un délicieux pays. Elle comptait même sur ce *great attraction* pour marier sa fille Lucile, qui disait les vers comme un petit ange, mais n'avait pas une grosse fortune. Dans la foule qui viendrait à ces littéraires solennités, il se trouverait bien un prétendant. Ce qui manquait pour exécuter son projet, c'était notamment tout. Acteurs, spectateurs et pièce. La pièce surtout. Elle ne voulait pas une de ces œuvres immorales du théâtre moderne, mais plutôt une œuvre empreinte d'une poésie un peu mystique comme la mode semble s'y mettre aujourd'hui. Un mystère eût été l'idéal du spectacle rêvé par cette excellente dame. Son mari, un brave homme qui ne portait pas précisément les pantalons, écoutait tout cela en dodelinant de la tête. Sa fille étant sa seule distraction, il ne tenait pas autrement à la marier.

C'est alors qu'on se mit à parler beaucoup dans les maisons de campagne voisines d'un jeune peintre plein d'entrain et de talent, le sieur Berluret, qui venait d'avoir une troisième médaille au Salon et venait se reposer de son succès dans son pays natal.

—Un artiste pour gendre, un artiste de génie ! s'écria madame la baronne, voilà ce que je voudrais !

— Les rapins voient bien mauvaise compagnie, hasarda M. le baron.

—Autrefois, oui, Anatole. Au temps de Murger.

Mais aujourd'hui les peintres tiennent le haut du pavé parisien et l'étendard de la fashion. Ce sont les mondains et les recherchés par excellence. Élégants, économes, de bon ton, ils sont la fine fleur de la société. Tout le monde sait ça, excepté toi.

— Tu n'es guère dans le train, mon pauvre papa ! fit Lucile en approuvant sa mère.

Et on invita le sieur Berluret et on lui confia le grand désir qu'on avait de jouer la comédie de salon.

— Ça c'est mon affaire, fit Berluret qui était essentiellement modeste. C'est moi qui ai formé Galipaux.

— Est-ce que nous ne pourrions pas jouer un mystère ? demanda la baronne.

II

Après un moment de réflexion, Berluret lui répondit :

— Vous avez raison, madame la baronne. Les mystères, il n'y a plus que ça. Que diriez-vous de la *Tentation de saint Antoine?*

— Ce ne serait pas un peu...

— Pas du tout... ça se joue aux foires, devant les enfants.

Et, devant la famille Laqueu-Duchat, charmée, Berluret raconta les péripéties du petit drame forain : il dit le grand monologue du saint ermite, demandant au ciel de le délivrer des humaines faiblessés, puis l'arrivée des diablotins découvrant son agreste maison, l'oraison de l'anachorète à une belle dame qu'il prend pour la Vierge Marie et qui n'est qu'une vulgaire hétaïre envoyée sur son chemin par Satan; toutes les péripéties, en un mot, de la naïve comédie si amusante à ouïr, en vérité, et bien supérieure à tout ce qui se joue actuellement, dans la fumée des lampions et aux grognements de l'orgue de Barbarie. Quand il en arriva au moment où les méchants esprits mettent le feu à la queue du cochon de saint Antoine, le baron faillit s'étrangler de rire et mademoiselle Lucile dut prendre un verre d'eau pour calmer son hilarité.

— Je vous mettrai ça en vers, fit Berluret, en vers comme on les fait maintenant, c'est-à-dire de façon à ce que personne, dans le public, ne s'en aperçoive. Mademoiselle sera charmante de beauté en Sainte Vierge et nous saurons assouplir à sa grâce délicate les brocards insolents de la courtisane. M. le baron fera saint Antoine.

— Et moi? demanda la baronne.

— Le général des diablotins, avec un maillot rouge et des cornes sur la tête.

— Ne croyez-vous pas que cela irait mieux à mon mari?

— Non, madame. Les travestis, dans les mystères, il n'y a que ça.

— Et vous, monsieur Berluret?

— Moi, madame, non seulement je serai incapable de jouer dans mon œuvre, tant mon émotion sera grande, mais je n'assisterai même pas à la représentation, que dans les coulisses. Les auteurs qui se respectent ne vont pas dans la salle où on joue leur première, de peur d'avoir l'air de quêter des compliments, et aussi de peur d'entendre des critiques malséantes auxquelles on ne saurait pas répondre sans passer pour un vaniteux et un Trissotin.

— Alors il n'y aura pas de petit cochon pour lui allumer le derrière? dit justement mademoiselle Lucile.

— Si fait, mademoiselle. Mais un cochon naturel. L'accessoire est devenu naturaliste au théâtre... On y mange de vrais poulets, des fruits authentiques et on y montre de vrais cochons.

Deux jours après, la pièce était en répétition. Une délicieuse petite truie — l'élément féminin est toujours plus gracieux au théâtre, — rose, dodue, proprette, pomponnée par mademoiselle Lucile elle-même, que les yeux du métayer, son père putatif, n'eussent pas reconnue, — tant elle avait pris de belles façons ! — répétait le rôle du compagnon de saint Antoine. Seulement on ne faisait que le simulacre de lui mettre le feu au cul, pour qu'elle ne se dégoûtât pas de son emploi avant la première.

Un mois après, toute la noblesse du voisinage était convoquée à cette première tant attendue, par les acteurs surtout.

III

Eh bien, Berluret n'avait pas menti. Il eut une émotion extraordinaire, quand les trois coups furent frappés. Il lui sembla que le lourd bâton lui tombait, par trois fois, sur le cœur. Il n'y put tenir, et désertant les coulisses elles-mêmes, il s'en fut errer dans la campagne, cependant que se dévidaient les merveilles de sa comédie, en écheveaux rimés, mais filandreux. Il n'est que la campagne, en effet, pour porter dans les âmes l'apaisement. Il faisait justement une nuit superbe tout argentée d'étoiles. Tout à coup des gémissements frappèrent son oreille et, s'étant approché, il vit Cato, la petite porchère, qui pleurait, au milieu de son pensionnat dont les grognements rythmiques scandaient l'expression de sa douleur. N'avait-elle pas perdu la fleur de son troupeau, un petit porc à peine sevré, mais sur lequel son maître comptait déjà pour le concours régional ? Ce qu'elle allait recevoir une râclée !

— Ah ! monsieur, dit-elle au peintre qui l'interrogeait avec douceur, si vous vouliez seulement garder un instant mes bêtes, que j'aille voir, dans la lande, s'il ne s'en est pas égaré ?

— Mademoiselle, répondit gracieusement Berluret, je ne suis pas plus grand seigneur qu'Admète et que l'enfant prodigue. Avec plaisir.

Et très sérieusement il se mit à garder les pourceaux qui, après être venus le flairer, parurent se plaire infiniment en sa compagnie.

Cependant la porchère ne revenait pas et la pièce devait être près de sa fin. Il ne s'agissait pas de manquer les applaudissements et les rappels. Sous cette préoccupation, et très sournoisement d'ailleurs, Berluret se rapprocha du château, sans prendre garde que tous ses nouveaux amis le suivaient.

Tout à coup, et comme il touchait au seuil, grand vacarme. Cris de douleur et éclats de rire. C'est logique et à l'éloge de la bonté humaine. On venait de mettre le feu au codicille vivant de la jeune truie qui se tordait en de très comiques tortures. Ah ! ce ne fut pas long ! Les animaux valent mieux que les hommes. Le troupeau entier des cochons que Berluret avait imprudemment amené sur ses talons, s'élança avec des grognements formidables au secours de sa congénère. Il renversa les portants et se rua sur la scène. Un verrat mal appris voulut employer, pour éteindre le feu de la jeune truie, un procédé de pompe naturaliste qui fit évanouir toutes les dames. Ce fut une véritable stupeur, un écrasement, une saturnale porcine, la revanche de plusieurs siècles de hures farcies et de boudins. L'humanité fut positivement foulée aux pieds... non truffés encore, par la porcherie en délire. Mademoiselle Lucile, dont les jambes s'étaient maladroitement ouvertes sur un sanglier domestique particulièrement impétueux, était emportée comme une Europe nouvelle. Mais ce ne fut pas tout. Des gendarmes en bottes accrurent la mêlée. La petite Cato, qui croyait qu'on lui avait volé son troupeau, avait rencontré ces Pandores et leur montrait le voleur.

Berluret prouva aisément son innocence. Mais

madame la baronne de Laqueu-Duchat (ô trop rare exemple) fut complètement guérie de la comédie de salon. Elle renonça également, du coup, à avoir un artiste pour gendre.

Pendant que Berluret, conspué comme un professeur en Sorbonne, opérait sa retraite, toujours environné de son armée grognante, le baron se contenta de dire très doucement à sa femme :

— Je vous avais bien dit, ma mie, que les artistes continuaient à fréquenter la mauvaise compagnie.

L'ONCLE FESSARD

L'ONCLE FESSARD

I

L'oncle Fessard était un de ces petits fesse-mathieux de province dont chacun se plaît à exagérer la fortune, parce que nul ne la connaît. Ce doux usurier avait beaucoup prêté, ce dont je le loue. Car je n'ai pas pour les usuriers le mépris que professent généralement, à leur endroit, ceux qui ont essayé de les voler. J'ai même, pour ces braves gens, une violente sympathie. Ce sont les seuls hommes, en effet, qui permettent de s'acquitter envers eux d'une façon mesurée, définitive et sans conteste. Quand les autres vous ont rendu un service, si mince qu'il soit, ils estiment ordinairement que votre vie tout entière ne suffirait pas à le payer. Ils deviennent ainsi vos plus terribles créanciers, puisqu'ils jugent votre dette éternelle. Au moins les usuriers tarifent la reconnaissance et, quand vous leur avez restitué le triple de ce qu'ils vous ont remis, ils se tiennent pour satisfaits et conviennent que vous êtes quitte avec eux. Voilà pourquoi je les estime et je les considère comme fort au-dessus du reste de l'humanité. Ce n'était pas, d'ailleurs, un homme sans poésie que l'oncle Fessard. Avant de faire valoir scandaleusement son petit saint-frusquin, en mettant sur la paille d'imprudentes familles qui n'avaient que ce qu'elles méritaient, il avait écrit un volume d'élégies qui lui avait valu une lettre très flatteuse d'un académicien, lettre où lui, Fessard jeune, était très nouvellement comparé à une fleur dont la postérité attend le fruit. Ayant renoncé ensuite aux belles-lettres pour les lettres de change, il n'en était pas moins demeuré un galantin accompli. Retiré à Pont-les-Vadrouilles, depuis une quarantaine d'années, il n'était pas de femme sortable, à vingt lieues à la ronde, à qui il n'eût décoché quelque déclaration rimée en petits vers de sa façon. Ça prenait encore à Pont-les-Vadrouilles où je me retirerai, moi-même, quelque jour. Aussi était-il célèbre positivement par ses bonnes fortunes d'arrondissement, et les maris le regardaient-ils d'un air torve quand, le dimanche, après vêpres, une aubépine à la boutonnière, il souriait sur le mail benoitement à ses conquêtes passées, et plus discrètement à ses conquêtes à venir. Lui se contentait de les saluer avec une déférence narquoise, en murmurant l'axiome virgilien : *Cornu ferit ille, caveto!* Eux le traitaient tout bas de « vieux cochon ». Mais comme presque tous lui devaient un peu d'argent, il n'avait rien à craindre de leur colère.

Cette humeur amoureuse de l'oncle Fessard, moins encore cependant que l'existence de sa nièce Aurélie, tourmentait infiniment madame des Vessières dont le fils Jérôme avait le vieil usurier pour oncle et pour parrain tout à la fois, ce qui lui semblait un double titre à l'héritage mal acquis de l'antique drôle. Pas plus que Jérôme, Aurélie n'était auprès du vieillard ; mais on la disait charmante, et, s'il la revoyait aujourd'hui, ne l'ayant connue que toute petite, on ne savait pas vraiment ce qui arriverait, le degré de parenté étant le même, et l'oncle Fessard étant beaucoup plus accessible à un regard de jolie fille qu'à un souvenir de fonts baptismaux. Donc, madame des Vessières se tenait fort anxieusement au courant des faits et gestes, et surtout de la santé de ce parent riche et libidineux. Elle savait bien qu'il avait fait autrefois un testament en faveur de son filleul. Mais cela est moins long à déchirer qu'à écrire. Aussi était-elle dans de continuelles transes qui s'accrurent en apprenant que l'oncle Fessard était fort gravement malmené par une incurable maladie.

II

— Jérôme, mon cher fils, fais tes paquets, s'écria-t-elle, et va bien vite recueillir le dernier soupir de ton pauvre parrain.

— Quelle malle faut-il prendre pour cela? demanda flegmatiquement Jérôme qui ne manquait jamais de consulter sa mère dans les choses sans importance, ce qui le dispensait de le faire dans les graves occasions.

— Une petite suffira. Le pauvre homme n'aura pas grand esprit à rendre. Pourvu, mon Dieu, que tu arrives à temps pour lui fermer les yeux !

— Ne m'avais-tu pas dit qu'il était aveugle depuis un an?

— Ce n'est pas une raison pour manquer à un impérieux devoir de convenance. Voyons, hâte-toi! je suis sûre que, s'il te reconnaît encore, il annulera toute disposition frauduleuse pour te rendre légitimement son bien. Il t'aimait tant quand tu étais tout petit !

— C'est que j'ai beaucoup grandi, ma mère.

— Puisqu'il est aveugle, il ne s'en apercevra pas. Ne va pas faire, au moins, une grosse voix en lui parlant !

— Je ne voudrais pas cependant qu'il me crût...

— Ne dis pas de bêtises. Ce serait vraiment trop ridicule de laisser à des péronnelles de province une fortune que tu as gagnée...

— Moins bien qu'elles peut-être, maman, si j'en crois ce qu'on dit de mon parrain.

— Je vous défends, monsieur, de déshonorer ce second père spirituel par d'irrévérencieux propos. Certes, c'est un débauché, un malotru, une indécrottable nature, le pire drôle de son temps. Mais vous lui devez, vous, son filleul, d'autant plus de considération et de respect que la société lui en refusait davantage. Quand il aura laissé ses écus à un autre, vous pourrez en dire tout ce que vous voudrez. Après une action aussi abominable, je vous l'abandonnerai. Mais, dans le doute, gardez encore vis-à-vis de cet homme d'âge, de cet auguste moribond, le langage de la bonne compagnie et même de l'affection. Ne perdez plus un instant. Car votre cousine Aurélie pourrait vous devancer, et alors ce serait le bouquet.

— Ma cousine Aurélie... ?

— Oui, une pimbêche dont je ne vous ai jamais parlé parce que feu votre père et moi avons renié cette branche de la famille. Fille d'une mère légère, légère aussi vraisemblablement elle-même, sans le sou d'ailleurs, votre cousine Aurélie n'était pas une société pour un des Vessières comme vous. Pars! pars! mon cher fils, que cette vieille bourrique de Fessard te reconnaisse encore avant de plonger dans l'éternité.

Et Jérôme partit, moins par intérêt que parce qu'il aimait les voyages pour les aventures qu'on y rencontre quelquefois, très sincère d'ailleurs et croyant entrer sincèrement dans les vues de sa mère.

Un drôle de garçon que ce Jérôme, entre nous ! Sa maman avait pris des soins infinis pour en faire successivement un général illustre, un opulent industriel, un savant respecté, un mari modèle, ce qui avait abouti à en faire un délicieux propre à rien et un célibataire endurci. Dans quelque direction que l'aient lancé les rêves maternels, une pierre d'achoppement s'était bien vite trouvée sur son chemin. Cette pierre, d'un modèle identique, avait eu, tour à tour, des yeux bruns ou bleus, des cheveux noirs ou blonds, une taille opulente et d'élégants appas. Elle avait porté d'ailleurs tous les noms féminins du calendrier. L'amour de la femme a cela de particulier qu'il est intolérant en diable, exclusif de toute logique, inconciliable avec toute sagesse. Celui qui en est vraiment blessé doit renoncer à toute autre chose au monde. Il peut d'ailleurs être le plus heureux des hommes s'il en prend vaillamment son parti. Mais la sottise du plus grand nombre est d'être rebelle à cet héroïsme et d'imaginer que les places, les honneurs, la richesse, lui doivent venir par surcroît, comme aux misérables victimes de l'ambition et de la vanité. C'est trop demander au destin, mes petits compères, que d'en exiger toutes les maîtresses qu'on désire en même temps que toutes les faveurs que méritent la continence et la bonne tenue. Il faut choisir entre la femme et tout le reste. Ceux qui choisissent tout le reste sont des sages, peut-être, mais certainement des sots. Et Jérôme était de mon avis, au fond, sans lui avoir donné, dans son esprit, une formule aussi nette. Mais il s'en imposait à lui-même. Aussi, quand sa mère ouvrait devant lui des horizons nouveaux, faits de dignités publiques et d'opulences rothschildiennes, il n'avait pas le bon sens de sourire et de se dire tout bas qu'il avait infiniment mieux dans ce monde et qu'il était fait pour ces splendeurs, comme les ânes de la foire pour les tiares pontificales, lesquelles ces honnêtes animaux se gardent bien d'envier, préférant aux continentes joies de l'épiscopat les tendresses qui se brayent aux bourriques dans les champs pleins de chardons. Et voilà comment il était parti docilement à la conquête de l'héritage de l'oncle Fessard, sans se dire un instant qu'il serait immoral que la fortune lui vînt après tant de bonnes fortunes.

III

On n'arrivait pas comme ça à Pont-les-Vadrouilles. C'était encore un de ces endroits privilégiés, de plus en plus rares, que les chemins de fer ne desservent que de loin, dont, depuis quelques années à peine seulement, les bicyclistes, seuls, violent indiscrètement, à grands coups de corne, comme des béliers, le mystère tranquille, la paix délicieusement provinciale et bourgeoise, oasis de paix et de silence relatif dans le bruyant désert où les trains, les vélocipèdes et les tramways éperdus roulent comme le sable, poussés en tous sens et heurtés les uns contre les autres par les sirocos furieux de la civilisation. A la station la

9.

plus voisine, qu'en séparaient encore quarante kilomètres protecteurs, la classique patache attendait les voyageurs clairsemés et poudreux, attelée de chevaux efflanqués qu'embêtaient les mouches. Celle-ci avait une façon de coupé où Jérôme s'insinua, puis attendit. Car le véhicule aux grinçants ressorts ne se mettait pas en branle pour l'arrivée d'un seul train. Il attendait que plusieurs, venant de directions différentes, lui apportassent un contingent humain valant la peine d'être secoué. On ne fait pas une omelette avec un œuf. Jérôme patienta en fumant des cigarettes et en supputant le partage qu'il ferait, entre ses bonnes amies, de l'héritage de l'oncle Fessard, au prorata de leurs services antérieurs et des pensions qu'elles méritaient, occupation d'un esprit généreux et naïf. Enfin, le dernier convoi attendu siffla et Jérôme sortit immédiatement de sa rêverie. Car il en descendit une délicieuse créature qui, très impatiente d'arriver aussi, sauta dans le coupé, à côté de lui. Jour de Dieu ! C'est au bout du monde, comme des Grieux emportant Manon, qu'il eût voulu aller avec celle-là. Bien que préoccupée, elle semblait avenante autant que belle. Il semblait que sa toilette de voyageuse eût été faite à la hâte, tant elle était sommaire, n'en découvrant que davantage une foule de détails délicieux appartenant, non plus à ses vêtements, mais à sa personne. L'indiscrétion de ceux-ci mit Jérôme en enthousiasme véhément. Les chevaux étaient partis sous une cinglée de fouet. Une heure après, sans la connaître davantage, une heure dont je refuse absolument de rendre compte à votre malsaine curiosité, Jérôme jurait un amour éternel à cette jeune dame et lui expliquait, qu'à la veille de recueillir une succession magnifique, il comptait en consacrer le plus net à lui faire un sort. Avec une délicatesse exquise, la jeune dame lui avait répondu que, destinée elle-même à être fort riche dans quelques jours, elle n'aurait que faire de son argent, à lui, et serait heureuse de l'aimer pour lui-même... J'imagine qu'elle le lui avait prouvé déjà quand, la nuit déjà venue, on arriva enfin à Pont-les-Vadrouilles. Mais il est apparent que tous deux jugeaient la démonstration insuffisante puisque, au lieu de se rendre immédiatement au domicile de l'oncle Fessard, ils s'allèrent coucher à l'hôtel du *Veau qui Tète*, dont un malplaisant avait fait le *Veau qui Pète* en substituant traîtreusement une lettre à une autre. Durant ce temps le moribond, toujours indélicat, leur volait son dernier soupir pour le rendre entre les bras d'une vieille servante à qui il laissait tout son bien.

— Eh bien! mon enfant, as-tu fait un bon voyage? demanda, anxieuse, madame des Vessières à son fils, en le voyant revenir rayonnant.

— Oh! oui, ma mère! s'écria Jérôme. Quelle délicieuse fille que ma cousine Aurélie!

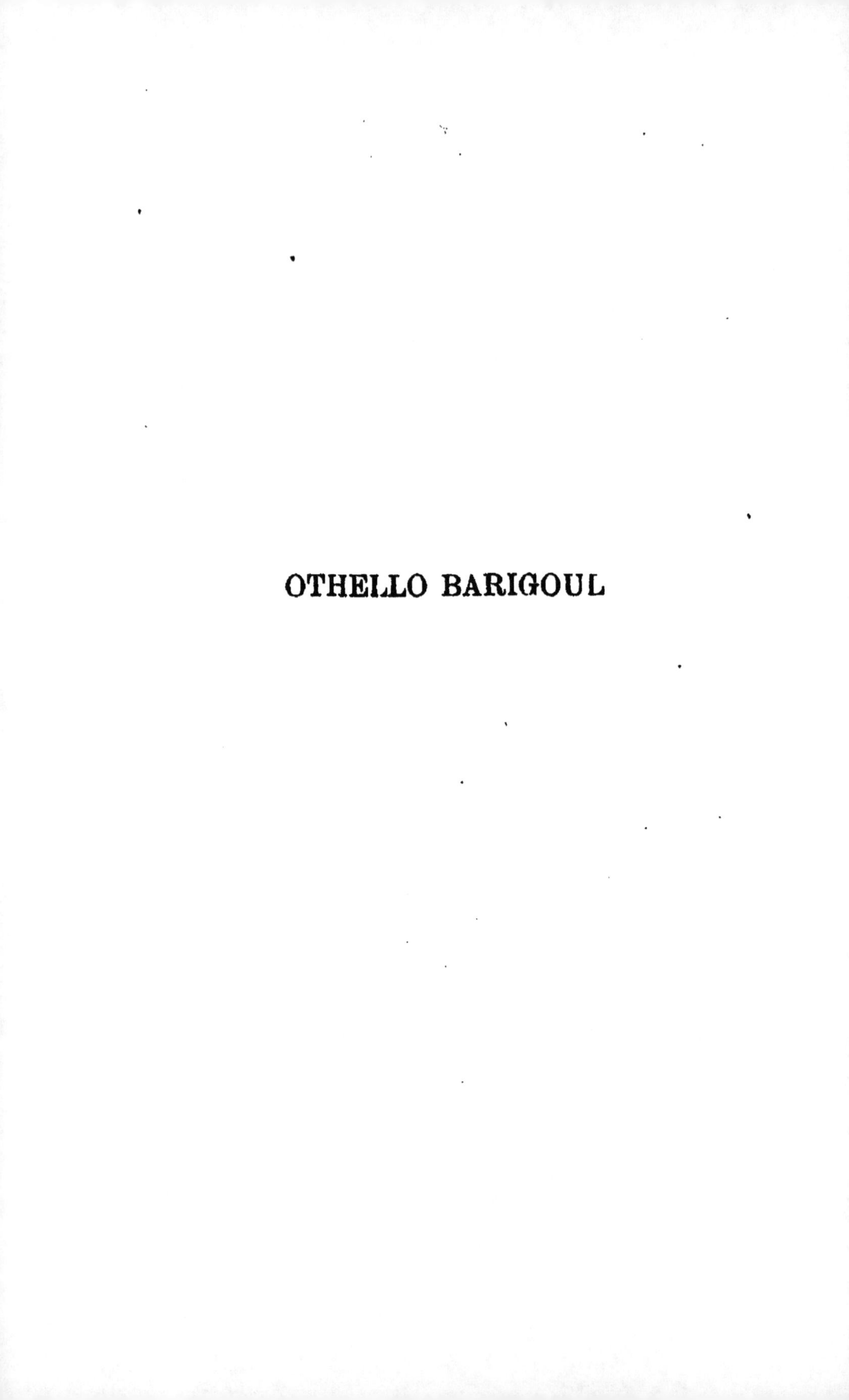

OTHELLO BARIGOUL

OTHELLO BARIGOUL

I

Bien qu'il soit toujours déplaisant de se faire une réclame à soi-même, je ne saurais que recommander instamment à mes lecteurs ordinaires le nouveau livre que je médite et dont le titre sera : *Du choix d'un cocu*. Avec la réserve de langage et le tact dans l'expression qui me désignent, depuis longtemps, pour diriger une revue de famille, j'y ai développé cette thèse que le choix d'une maîtresse est infiniment moins important que celui de son mari. Les trois quarts du temps, — l'adultère bourgeois étant particulièrement à la mode, — c'est avec celui-ci que vous vivez beaucoup plus qu'avec celle-là; à peine peut-elle vous donner quelques instants par semaine et vous êtes obligé de faire son whist, à lui, tous les soirs. Ne le prenez donc ni ennuyeux, ni exigeant, ni tricheur. Que madame ait plus ou moins d'attraits, vous n'en goûtez pas moins les délices du fruit défendu. Pendant les heures qu'il vous faut passer ensuite à la porte du Paradis, tâchez de tomber sur un bonhomme d'archange qui ait la conversation agréable et qui ne se serve de son glaive de flamme que pour vous donner du feu quand votre cigare s'est éteint. Je vous assure que, dans les liaisons coupables, c'est l'essentiel. Ne sacrifiez pas à cette délicatesse de conscience de ne vouloir tromper qu'un homme insupportable. La justice ne vous saurait aucun gré de ce remords préventif à l'endroit d'un homme d'esprit ou de bien. Ce n'est jamais un sacrilège de rendre un homme, si intéressant qu'il soit, pareil à des héros comme Ménélas et Napoléon. Ne soyez pas généreux, même envers le génie.

Quelques raffinés encore, en sentiment, — pauvres hères, au temps où nous sommes ! — préfèrent ne pas être les plus intimes amis du monsieur qu'ils déshonorent à draps ouverts. D'aucuns se refusent même obstinément à avoir avec lui d'autres relations mondaines, ce qui étonne énormément leurs bonnes amies, les femmes ayant rarement de ces révoltes-là et aimant surtout tout ce qui est facile. Eh bien ! à ceux-ci je recommande de se renseigner, au moins par l'opinion publique, plutôt même par l'opinion publique que par les agences. Car il ne s'agit pas de savoir si le quidam dont on convoite la quidamesse paye exactement son terme, mais s'il est grincheux, vindicatif, sujet à des emportements meurtriers le jour où il apprendrait sa mésaventure. Il y en a encore comme ça qui voient rouge quand les cornes leur démangent, comme les taureaux. Méfiez-vous de ces sales bêtes. Ce n'est pas les taureaux que je veux dire. Toute volupté, en amour, excepté pour quelques extravagants ou gens usés qui ont besoin d'un piment, même douloureux, réside dans une tranquille possession. On s'expose à perdre beaucoup de ses moyens, dans l'âge mûr surtout, en ayant à se dire : Eh ! eh ! il y a peut-être, derrière la porte, un monsieur qui me guette avec un revolver. Ça n'encourage pas aux tendresses éperdues. Savourez donc la douceur des longs baisers dans l'alcôve où ne glisse qu'une lumière incertaine et infiniment douce, la blancheur aux reflets d'ambre d'une chair délicieusement abandonnée, la lente caresse des cheveux dénoués qui vous frôlent de leur parfum, la belle harmonie des formes qui nous conserve un idéal dans l'amour et fait, du moindre lit, un autel, quand vous êtes hanté de l'ombre d'un jaloux armé jusqu'aux dents ! Tâchez donc de tomber sur un homme débonnaire. Ce sera lâche, mais quand vous seriez mort, la société ne vous serait en rien reconnaissante d'avoir héroïquement bravé la colère d'un lion. Ne trompez donc pas votre prochain à la légère.

Voilà, je crois, une maxime dont la morale satisferait M. Bérenger lui-même.

II

C'est pour avoir méconnu ce précepte conservateur que mon pauvre ami Thomas Nivolet s'est fourré, en même temps que dans ceux de l'adultère, dans des draps dont un brocanteur ne donnerait pas trois sous. Certes sa maîtresse, madame Barigoul, est, de tous points, faite pour les délices d'un honnête homme comme est Thomas, de jolie figure et de belle prestance, avec je ne sais quoi de bourgeoisement honnête qui donne un charme particulier à sa personne d'ailleurs confortable et dodue. Longtemps assise dans un comptoir, elle s'y est orientalisée par les bases dont l'ampleur majestueuse, sans ankylose, est bien pour réjouir la vue, et mieux encore le toucher. Son caractère n'est pas moins rond que le reste. C'est une bonne et loyale créature avec tout le monde, excepté avec son mari que nous considérerons, s'il vous plaît, en ce temps de suffrage universel, comme une infime minorité. Donc on ne saurait imaginer une bonne amie mieux faite pour donner à un galant homme tout le bonheur que comporte une liaison coupable. Eh bien, cette excellente dame a tout simplement apporté un enfer dans la vie du malheureux Thomas Nivelet mon ami.

Barigoul est de tempérament jaloux et violent tout ensemble. On connaît ses principes. Il vous tuerait un amoureux de sa femme comme un lapin. De plus, il est inventif et il y a à se méfier beaucoup de son imagination. Enfin, il n'y a pas à dire. On ne sait pas s'il sait quelque chose, mais il semble sur la piste.

Alors pourquoi Thomas Nivelet ne renonce-t-il pas à ces dangereuses amours? Vous en parlez à votre aise! D'abord, il est très amoureux de cette madame Barigoul, qui le mérite. Et puis, c'est toujours très dur de se montrer à la personne qu'on adore, sous les espèces d'un poltron. Enfin il ne se prend pas pour une bête et il trouverait, vis-à-vis de lui-même, infiniment humiliant de s'avouer incapable de dépister les pièges d'un mari. Car, sacrebleu! l'adultère est facile. Il nous demande, à nous autres hommes, un peu plus de temps qu'aux simples moineaux, mais pas beaucoup plus. Paris est immense et plein de maisons hospitalières aux tendresses fugitives : tout, dans une société civilisée, est pour faciliter les rendez-vous à ceux qui en ont besoin. Et, dans ces conditions admirables que nous fait la vie contemporaine, on reculerait devant un monsieur devant qui sont accumulés tous les obstacles, concierges complaisants, police bienveillante aux coupables, indulgence de l'opinion publique pour ces peccadilles aimables! Thomas Nivelet se disait que ce serait manquer de dignité au moins autant que de courage. Dans une foule et dans un dédale comme Paris, il est inadmissible qu'on n'arrive pas à se protéger d'un impertinent qui n'a le droit de se servir de son pistolet que s'il vous prend sur le fait. Car il faut le flagrant délit pour innocenter l'homicide et il faut être rudement maladroit pour se faire pincer juste en flagrant délit. Ainsi raisonnait Thomas et il persévérait dans sa passion, bien que se pressentant poursuivi par un ennemi sournois autant qu'impitoyable.

Il y a deux jours, cependant, en lisant son journal, il a pâli affreusement et murmuré d'une voix éteinte, en laissant tomber sa cigarette : — Je suis perdu !

III

— Maintenant, poursuivit-il dans sa propre pensée, quand il eut repris sa liberté d'esprit, si M. Barigoul sait que je le trompe, il n'a plus besoin de me surprendre, au moment psychologique, comme l'exige le Code, pour avoir le droit de me mettre méchamment à mort, sans qu'il lui en coûte un jour de prison. En tout lieu, à toute heure, il est pourvu du précieux pouvoir de m'assassiner sans aucun inconvénient sérieux pour lui. Une décision nouvelle du magistrat qui préside à notre sécurité lui confie ce privilège dont il est trop malin pour ne pas user. Vous allez voir comme c'est commode et épouvantable. Tout le monde, maintenant, sans être muni du moindre diplôme, sans avoir passé le moindre examen, va pouvoir se présenter comme cocher aux Compagnies, et véhiculer, à travers

Paris, ses contemporains. M. Barigoul va aller s'offrir incontinent. Il peut d'abord se grimer si bien que je le prenne moi-même, pour me conduire, sans le reconnaître. Et alors, v'lan! Il me secoue dans la Seine au tournant d'un pont, simple accident tout naturel à un homme qui n'a jamais conduit que des chevaux de bois, dans sa première enfance. Mais il peut opérer bien plus naïvement encore. Il n'a qu'à me guetter, me suivre avec sa voiture et m'écraser à l'endroit qui sera le mieux à sa convenance. Son ignorance du métier le rend irresponsable et les Compagnies, étant assurées, s'en moquent absolument. C'est l'affaire de quelques francs. Ah! sapristi! ce n'était pas la peine de nous préserver si bien de la rage, en exterminant ce qu'il y a de meilleur dans l'homme, pour nous livrer à une mort qui n'a rien de beaucoup plus attrayant, en donnant le droit d'écraser et de verser impunément à quiconque est muni d'un fouet! Et c'est pour être protégés de cette jolie façon que nous payons des impôts! C'est parce que messieurs les cochers n'ont pu s'entendre avec messieurs les loueurs que le public ne pourra plus sortir en voiture sans être répandu sur la chaussée, ou à pied sans recevoir des voitures dans le dos! C'est pour embêter les orateurs de la Bourse du Travail qu'on permettra à toutes les vengeances privées de s'exercer sous cette forme facile et abominable! On me livre à M. Barigoul pour ennuyer M. Carrière! Ah! la jolie administration! La jolie logique! Et qu'on a bien raison, à Siam, de ne pas être amoureux de notre civilisation!

Ainsi parle mon ami Thomas Nivelet et non moi-même qui suis toujours respectueux des pouvoirs publics et qui admire particulièrement M. Lozé. Je cherche bien à lui faire entendre raison et partager mon enthousiasme pour l'homme du monde qui a tué le plus de chiens. Impossible. Il est hanté du spectre de Barigoul coiffé d'un chapeau blanc et sur un siège, de Barigoul le guettant, l'épiant pour lui enfoncer un brancard dans une côte ou lui faire passer ses deux roues sur le cou. Et, de fait, c'est le droit de Barigoul! Barigoul n'est pas tenu de savoir conduire. L'assurance paiera pour Barigoul. C'est exquis. Vraiment la vie humaine est tenue en grand honneur, par le temps qui court. Thomas Nivelet, mon ami, est bureaucrate et n'a que cela pour vivre. Il est résolu de ne plus aller à son bureau, puisqu'il ne peut plus sortir de chez lui sans que Barigoul ait le droit de le mettre en bouillie. On le flanquera à la porte de son ministère et il mourra de faim.

De tout cela il accuse M. le préfet de police.

— Insensé! lui dis-je. Laisse en paix un des plus grands hommes de ce siècle et n'accuse que l'adultère qui t'a mis dans cette fâcheuse situation. C'est bien fait, mon gaillard. Si tu n'avais pas trompé ce précieux Barigoul, tu aurais le droit de sortir à ta guise et d'être écrasé par un autre cocher.

Et il me semble sentir descendre, sur moi, dans l'ombre, les bénédictions du sénateur défenseur de la vertu.

EN GRÈVE

EN GRÈVE

I

L'admirable idée qu'ont eue, parbleu ! messieurs les cochers de se mettre en grève ! Débarrassé de leur vacarme, Paris est devenu simplement délicieux. C'est à revenir tout exprès de la campagne pour l'habiter. On s'y croirait à Pompéi. Le poète y peut prendre les vers à la pipée, comme feu Mathurin, en plein boulevard, sans crainte d'y être écrasé. Le badaud y circule au caprice de son pas fainéant. Mais c'est pour les amoureux de tempérament ou de fantaisie que l'aubaine est complète. Les omnibus regorgent de dames élégantes qui n'ont pas trouvé de fiacre. Ce sont des salons de conversation ambulants où l'on peut suivre la jambe éloquente aperçue au marchepied. L'adultère bourgeois a perdu, il est vrai, ses cabinets particuliers les plus économiques. Mais on assure que les hôtels ont intelligemment baissé leurs prix pour que la morale n'y perdît rien. Nous revenons tout simplement, grâce aux orateurs de la Bourse du Travail, à l'âge d'or où les voitures étaient inconnues, puisque l'homme, traitant fraternellement les animaux, se refusait le plaisir de les insinuer dans des brancards pour les rouer de coups. Et puis, quelle émulation pour les inventeurs! Nous allons voir reparaître, en plein Paris, les diligences décriées aujourd'hui jusqu'à Carcassonne, les bonnes diligences où commençaient autrefois les romans. Le commis-voyageur y reprendra sa gaieté légendaire. Cet hiver, nous aurons certainement des traîneaux avec des rennes. On se pourra croire à Cocupolis devant cette forêt Macbethéenne. A quelque chose, d'ordinaire, malheur est bon. Ici ce malheur est bon à un tas de choses. On parle déjà d'utiliser le nez de M. de La Monta pour jeter un nouveau pont sur la Seine. Et puis, qu'est-ce qu'on va faire de toutes les voitures méchamment démarquées pour jouer une farce au conseil municipal? Evidemment des chaises à porteurs, comme au bon temps des galanteries d'antan où nos bien-aimés rois n'avaient aucun des sentiments répressifs du sénateur Bérenger. Ce sera comme à Lille, en

Flandre, il y a trente ans encore, quand les vinaigrettes emportaient, à la sortie du théâtre, les belles dames emmitouflées qui venaient de pleurer à la *Dame aux Camélias*. J'ai connu la dernière vinaigrette. Je lui ai même fait des confidences d'amour qu'elle m'a rendues, par une belle nuit sans étoiles où je promenais ma tendresse sans abri. J'en voudrais voir Paris tout plein pour reprendre, en souvenir, la conversation interrompue par un garde civique malséant. *Et nunc, Parisiens, erudimini!* La disparition des chars numérotés vous doit induire en mille inventions profitables à votre plaisir.

Tel le jeune Bertrand Pucelet, dont je vous vais narrer la très récente aventure. Car je veux être actuel aujourd'hui comme un reporter. Je n'écrirai plus désormais qu'en bicyclette et sur du papier télégraphique. A d'autres la méditation et les antiques papyrus. Mon jeune Bertrand Pucelet était, depuis plusieurs mois déjà, véhémentement amoureux de la belle madame Irma des Douillettes, comme on est amoureux, à son âge, avec des insomnies et des inappétences ridicules, mille combats dans l'âme, des désirs fous et d'irraisonnables désespoirs. Ame romanesque, il rêvait de l'éblouir par quelque action éclatante, comme si la vie contemporaine se prêtait aux héroïsmes d'autrefois. Aujourd'hui les tournois se passent autour de la corbeille de la Bourse où il serait grotesque de descendre vêtu d'une armure, sur un magnifique palefroi et une lance au poing. Dans les quelques soirées où il avait rencontré cette platonique amante, il avait bien tenté de lui dire un mot de sa craintive tendresse. Mais elle s'était contentée de rire de toute la blancheur nacrée de ses dents. Alors il s'était dit qu'il n'avait plus qu'à souffrir en silence, en se répétant le sonnet d'Arvers. Mais il tressaillait à la seule idée de se rapprocher seulement un instant d'elle et il passait de longues heures sous ses croisées, boulevard de Courcelles, prêt à mourir d'une angoisse délicieuse, dès que se soulevait un petit coin de rideau. Raille qui voudra ces bonheurs imbéciles! Je plains ceux qui ne sont jamais passés par là. Donc la voir une minute, respirer, dans le même air, l'odeur vague de sa chevelure, s'enivrer les yeux d'une vision passagère, voilà où en étaient tombés les vœux de ce peu entreprenant chevalier.

C'est dans cette disposition d'esprit et aussi dans le silence que Paris, vide de fiacres, fournit aujourd'hui à la méditation, que notre Bertrand Pucelet conçut un plan vaudevillesque et ingénu à la fois. Il se déguiserait en cocher, se mettrait en service chez quelque loueur et, devenu un objet rare, il stationnerait sans cesse devant l'hôtel de madame des Douillettes qui, à sa première sortie, ne manquerait pas de recourir à ses services. Il n'accepterait aucun salaire et payerait à son maître une moyenne de 40 francs, si celui-ci les exigeait de lui. Mais, en fouillant son idée, il trouva mieux encore. Il s'en fut trouver le vieux cocher de son oncle Pisistrate qui était déjà parti pour les villégiatures lointaines, laissant à Paris un coupé fort galamment attelé. Il s'entendit sans peine avec le drôle pour que ladite voiture fût mise à sa disposition, et pour que l'illusion fût complète, il l'immatricula lui-même sous un numéro qu'il prit au hasard : 169, lequel il fit poser sur les lanternes et sur le siège. Ainsi fictivement en règle avec l'administration, il commença son pied de grue monté sur roues, devant la maison de la bien-aimée.

II

Ah ! ça n'alla pas tout seul. Les agents ordinairement chargés de la surveillance des voitures, et qui ont une peur terrible d'être supprimés avec celles-ci, sont obligés de faire énormément de zèle, c'est-à-dire d'embêter effroyablement les utiles maraudeurs qui nous permettent encore de perambuler, assis sur les coussins. — Allons ! Allons ! Circulez ! le public vous attend. — Allez-vous f.... le camp, n... d.. Dieu? — Telles étaient les aménités qui accueillaient ses tentatives de stationnement en un endroit complètement dépourvu de kiosque. Il faisait semblant d'obéir et revenait, obstiné, guettant toujours la sortie de madame des Douillettes, d'autant plus enchanté d'avoir une voiture fermée à lui offrir, que le temps était menaçant, avec des nuages mettant un toit d'ardoise à l'horizon. Et puis, quel cocher tentant il faisait, en ce temps d'automédons dépenaillés et en chapeaux de paille défoncés, avec sa belle houppelande gris perle neuve et son couvre-chef de toile cirée blanche, tenant correctement un fouet sorti des meilleures maisons et signé Verdier, je crois! Il n'était pas immédiatement reconnaissable, ce qui était essentiel à sa ruse d'amoureux; mais il n'avait abdiqué qu'à la surface ses manières select d'homme du monde, comptant sur elles pour attirer l'attention reconnaissante de la cliente espérée. Ah! quel battement de cœur il eut quand tout à coup elle descendit sur le trottoir, dans une délicieuse toilette, toute mauve, avec des frissons de jaune clair, interrogeant du regard la chaussée vide, y cherchant certainement un problématique véhicule, penchée en avant sur ses petits pieds adorablement chaussés de chevreau! Non, jamais elle n'avait été si jolie que dans cette rencontre, méditée par lui, dans l'ébouriffement volontaire de sa belle chevelure noire dessinant deux grandes ailes d'ombre, sur les côtés, sous la paille fleurie du chapeau. Elle l'aperçut enfin, et, d'un ton presque incrédule, mais très doux, elle prononça le fameux : — « Cocher, êtes-vous libre? » — Vite, il sauta de son siège, et très galamment, lui ouvrit la portière. Elle ne daigna ni le regarder, ni lui sourire, mais il n'en eut pas moins un bonheur extrême à mesurer l'élastique rondeur de ses formes inclinées quand elle s'insinua, avec quelque peine, dans le coupé, lui donnant un balancement voluptueux, découvrant aussi, un instant, sans le savoir, un mollet de Diane bien portante qu'on eût trouvé peut-être un peu massif à Gabies, mais qui était, à Paris, fait pour le goût d'un connaisseur. En coupant les mots d'un rythme d'éventail, elle lui dit encore : — « Avenue Hoche, 127. » — Mais il était tellement anéanti, en remontant sur son siège, de tout ce qu'il venait de voir, et troublé violemment et délicieusement abasourdi, que je crois qu'il ne serait pas parti, si un agent zélé ne lui eût clamé, sur un ton toujours aimable : — « Vas-tu rouler, sacré fainéant! »

Il avait l'âme dans les nuées et commença par prendre son chemin à rebours. — « De l'autre côté, imbécile! » lui dit la voix charmante de madame des Douillettes, pendant que sa jolie main gantée lui pinçait vigoureusement la fesse. Il n'avait jamais osé espérer tant de bonheur.

III

Au 127 de l'avenue Hoche, elle le fit arrêter, mais ne descendit pas. Cela lui donna quelque inquiétude sur la nature de la course que faisait sa bien-aimée. Mais il n'en était pas moins transporté de l'idée qu'il était si près d'elle, et chacun des ébranlements qu'elle donnait au coupé, en de petits mouvements d'impatience, sans doute, lui retentissait jusqu'au cœur. Enfin un gros monsieur descendit, un énorme bouquet à la main : — Au Bois, fit-il, d'une voix rude. Il était déjà assis près d'elle, et notre Pucelet prenait le chemin du Bois, avec une résignation de mauvais aloi. Vous me direz qu'il aurait pu fouetter son cheval avant que le vieux monsieur fût monté. Mais les agents zélés étaient là qui auraient sauté à la tête du coursier et n'auraient pas permis au cocher de refuser un voyageur. Plein d'une mauvaise humeur sourde, il se mit à conduire en zigzag, tout de travers, comme un pochard. Mais les voyageurs étaient sans aucune inquiétude. Ce n'est pas dans ce moment-ci qu'on risque d'accrocher ou d'être accroché. Ils semblaient n'y pas faire seulement attention, absorbés qu'ils étaient, sans doute, en quelque conversation très intéressante. Le bois de Boulogne, depuis que nous sommes débarrassés des urbaines, est devenu d'un mystère adorable, et les allées, autrefois tumultueuses, sont maintenant faites pour les plus secrètes idylles. — « S'ils pouvaient descendre ! pensait notre Bertrand, comme je ficherais le camp ! » Tout à coup, un petit grincement de la soie dans des rainures lui apprit que les stores s'abaissaient, bien qu'il ne fît aucun soleil, et il entendit la voix rude du gros monsieur qui lui disait, toujours avec un gros pincement de fesse, mais très désagréable celui-là : « Cocher, au pas ! » Ah ! pour le coup, Bertrand Pucelet sentit son jeune sang ne faire qu'un tour. Positivement furieux, il se mit à fouetter éperdument l'alezan de son oncle Pisistrate, qui prit une façon de mors aux dents. Alors les croisées des deux portières se rouvrirent, après un second grincement des stores se relevant, et, tandis qu'à l'une madame des Douillettes criait : Au secours ! et : A l'assassin ! par l'autre, le gros monsieur faisait pleuvoir, sur les épaules du cocher improvisé, une grêle de coups de canne plombée. A un carrefour, des agents pleins de zèle arrêtèrent cette course effrénée. Procès-verbal fut dressé, plein de considérants épouvantables pour

Pucelet, et la voiture de l'oncle Pisistrate, mal traînée par son cheval fourbu, fut solennellement emmenée à la fourrière, pendant que madame des Douillettes disparaissait au bras du vieux monsieur.

L'affaire du fiacre 169 fit grand bruit. C'était chic, aux agents, d'avoir trouvé une contravention sur un si petit nombre de voitures en circulation! Pucelet a été mandé chez le commissaire et gardé sous les verrous. A son grand étonnement, il s'entendit condamner vertement pour outrage public à la pudeur sur le siège de sa voiture. Voici comment. Le gros monsieur, très intéressé au silence sur cette affaire compromettante pour madame des Douillettes, avait retiré sa plainte et obtenu la suppression du procès-verbal. Mais le cocher du vrai fiacre 169, lequel, par une fâcheuse coïncidence, était en circulation en même temps, s'était fait pincer pour avoir mis une nounou sur ses genoux, sans avoir le soin de garder sa culotte. Pour celui-ci personne n'a réclamé. L'affaire suivra donc impitoyablement son cours. De plus, Pucelet sera convaincu d'avoir donné aux agents un faux nom, ce qui mettra l'éveil sur lui et le fera prendre pour un anarchiste sérieux. Que sera-ce quand, déjà condamné pour attentat aux mœurs, il sera poursuivi pour le vol d'une voiture et d'un cheval au rentier Pisistrate? En ajoutant les peines, il en aura pour six ans au moins. Voyez un peu où nous conduit l'amour. Mais c'est égal. Quel paradis que Paris depuis la grève des cochers!

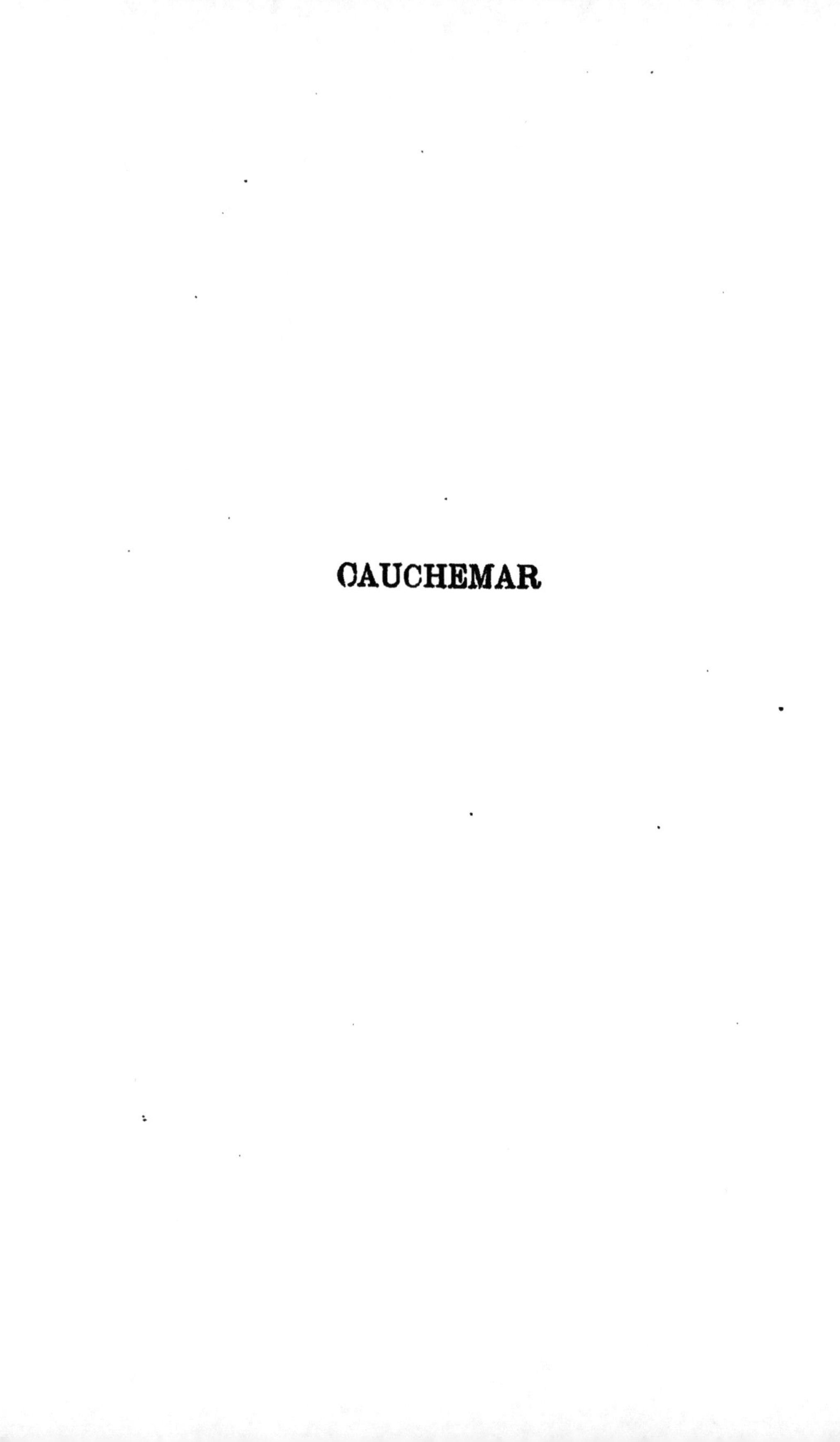

CAUCHEMAR

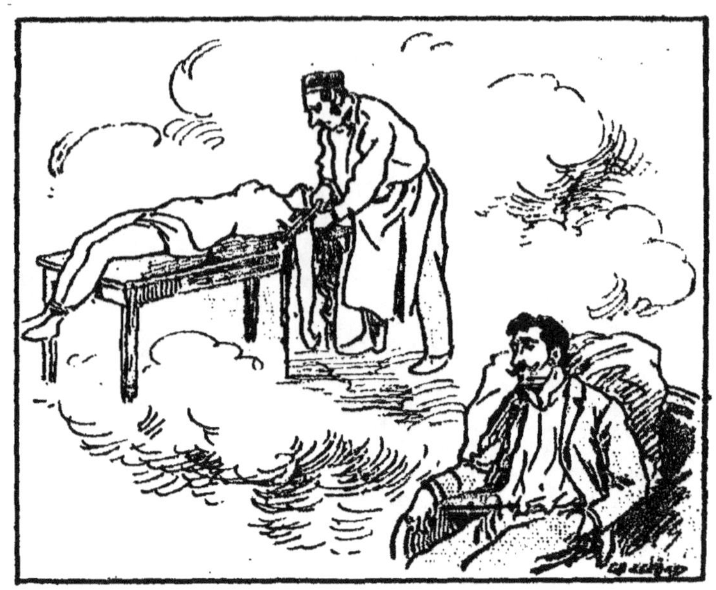

CAUCHEMAR

I

Une de ces après-midi torrides qui imposent, aux plus obstinés Méridionaux, l'usage divin de la sieste. Sur Paris que la grève des cochers fait silencieux, la chaleur pesait en une nuée rousse, traversée de scintillements cherchant en vain à se rejoindre en éclairs dans la nonchalance du ciel. Pas un frémissement dans les feuillages déjà brûlés des arbres citadins ourlés de poussière et d'où ne descendait ni ombre ni fraîcheur. Une vague et écœurante odeur de fruits écrasés dans les rues. Ah! combien le peintre Clovis Iraboul, bien que laborieux de tempérament, était excusable, par une après-midi pareille, de s'être étendu sur son canapé, en un coin obscur de son atelier, abandonnant, sur le tabouret, devant la toile inachevée, palettes et pinceaux! Et pour bien d'autres raisons excusable encore. Il avait dîné la veille chez un confrère, avec un ménage bourgeois, les Duminet, qui l'avait fort intéressé, et il n'avait pas du tout l'esprit à son tableau. M. Duminet entrait pour peu de chose dans cette préoccupation rétrospective. Mais sa femme y tenait une place considérable. Ce notable commerçant, parent de son amphitryon, était un petit homme gros, assez vulgaire et embêtant comme tout. Mais madame Duminet! Comment un pareil trésor était-il venu se poser tout seul sur ce fumier d'Ennius? Car enfin, on ne force plus aujourd'hui les demoiselles à se marier en les menaçant du couvent! Et c'était alors de gaieté de cœur que cette délicieuse créature, faite pour les délices d'un pur artiste, était devenue la compagne à jamais d'un simple électeur! Cette adorable chevelure fauve et traversée de fils d'or clair, ramassée à la nuque pour se formuler en casque au-dessus du front; ce joli front droit de Vénus antique luisant comme un caillou de Carrare longtemps caressé par les flots; ces yeux cœruléens semblant enfermer, en deux larges gouttes, toutes les profondeurs mystérieuses de la mer; ce petit nez, despotique aux origines, mais s'arrondissant au bout avec un petit air bon enfant; cette bouche que le sourire entr'ouvrait sur un frisson de nacre vivante ; ce menton délicieusement charnu que ponctuait une fossette moqueuse, et, sous le mensonge des vêtements, toute cette splendeur, pressentie par l'œil exercé d'un peintre, d'une beauté sans reproche, d'une impeccable splendeur ; l'énigme pénétrée de ces chairs liliales qui venaient mourir, en pétales vivants, aux blancheurs divines de la main aristocratique et impérieuse, tout cela était irrévocablement à ce marchand, à ce teneur de livres, à ce malséant citoyen! Clovis Iraboul avait été tout à la fois si indigné et si charmé par ce spectacle inique qu'il en avait à peine mangé, bien que doué ordinairement d'un vigoureux appétit. Tout son enchantement, pendant le dîner, avait été de contempler cette merveilleuse personne, et toute sa colère de se dire que, vraisemblablement, elle ne serait jamais à lui. Car voilà ce qui était particulièrement douloureux et stupéfiant dans l'espèce. Aucune révolte ne se devinait, aucune aspiration traîtresse et libératrice, dans madame Duminet, qui semblait parfaitement heureuse de sa condition matrimoniale. Sans caresses positives dans l'inflexion, sa voix, quand elle parlait à ce monstre, était plus affectueuse que ne le comporte la simple résignation.

Après le café, Clovis Iraboul avait tenté de causer avec le couple sur un certain ton d'intimité. Mais M. Duminet avait été infiniment plus expansif avec lui que sa femme. On avait causé art et il n'avait pas dissimulé ses goûts odieusement canailles à son interlocuteur. Madame Duminet écoutait à moitié, en chiffonnant son éventail, en offrant des liqueurs, distraite et sans s'éloigner cependant, levant de temps en temps, sur l'artiste, ses beaux yeux où l'étonnement et la curiosité laissaient à peine un pressentiment de sympathie. Clovis avait invité le ménage à venir visiter son atelier. M. Duminet avait accepté en lui disant : — « Volontiers, d'autant que ma femme, elle-même, a un peu dessiné autrefois. » Et, pendant que rougissante, madame Duminet protestait, il avait ajouté : — « Il faudra que je vous cherche, pour vous les montrer, quelques-uns de ses croquis. Je vous assure que ce n'était pas mal. » Et on s'était séparé sur cet espoir bien vague, pour Clovis, d'une visite qui serait probablement oubliée, à moins qu'elle ne fût inutile, ou même coûteuse, M. Duminet pouvant être fort bien un de ces Mécènes bourgeois qui se feraient scrupule d'aller jamais chez un peintre sans lui chiper une esquisse. Telle était la soirée qui avait précédé la sieste légitime du laborieux Clovis Iraboul, par une effroyable après-midi. Rentré chez lui, il avait eu grand'peine à s'endormir, la veille, la tête et le cœur débordant de cette délicieuse madame Duminet. Pour s'en distraire, il avait ouvert un de nos volumes de légendes gasconnes où était narrée la tragique aventure d'un jaloux qui fit manger, en un respectable civet, à une pauvre dame, le cœur même de son amant, aventure qu'on retrouve dans notre histoire populaire de toutes les contrées françaises.

II

Et maintenant, nonchalamment étendu sur des coussins, le front délicieusement caressé par un habile courant d'air qu'il avait ménagé dans l'atelier, il prenait une revanche de son insomnie nocturne, mais sans avoir pu chasser, de son sommeil, les êtres et les choses qui l'avaient si récemment et si vivement impressionné. Vous savez qu'il est un premier état de ces sommeils, où la paresse est dominatrice, dans lequel on dirige volontiers ses propres rêves. C'est une façon d'être à demi heureux que je recommande à ceux qui ne le sont pas tout à fait, et le monde en compte beaucoup de cette espèce. Clovis Iraboul, qui, en sa qualité d'imaginatif, connaissait à merveille cette ressource, en avait immédiatement usé pour évoquer la vision enchanteresse de madame Duminet, en sa grâce triomphante. Et, comme les cocus coûtent peu à faire, dans ce genre de divertissement, il s'était bien gardé de se la faire apparaître cruelle. Oh! que non pas! Comme il n'est pas coutume de faire bien, dans ce genre de largesses intellectuelles et passionnelles qu'on se fait à soi-même, il s'était offert la bien-aimée dans un déshabillé presque irrespectueux pour la morale. Il n'avait pas lésiné, un instant, pour lui retirer sa robe, ses jupons, voire sa chemise, sans oublier ses jolis bas de soie et ses bottines suavement mordorées. Mieux que cela, comme il n'est pas plus cher de se faire aimer éperdument, dans ce genre de tendresses, c'était madame Duminet qui lui avait fait, elle-même, spontanément, avec des emportements éperdus, tout le sacrifice de sa toilette, coquette comme une femme qui adore et ne sait comment se donner le mieux. Il n'est que juste d'ajouter que, toujours dans le songe dont il tenait si bien les ficelles, Clovis Iraboul répondait avec beaucoup de dignité émue et de respect attendri à ces démonstrations passionnées. Il ne se faisait pas désirer, comme un sot, il accordait tout ce qu'on lui demandait avec une grâce parfaite. Ah! monsieur Duminet, ce que votre honneur passait un mauvais moment en effigie! Baisers, serments, étreintes qu'on voudrait mortelles, notre rêveur faisait une véritable débauche de ces choses délicieuses et jamais adultère n'avait été consommé plus galamment... Et cela fut ainsi, tant que, dans un état encore un peu proche de la veille, le dormeur put faire exécuter sa pièce à sa fantaisie. Mais le moment vint où le sommeil, ce mystérieux enfant du hasard, prit en main les marionnettes et continua la comédie si bien commencée, en tragédie épouvantable. Les billevesées sanglantes de sa lecture de la veille se mêlèrent, dans le cerveau de l'artiste, à ses imaginations amoureuses. Ce Duminet, qu'il avait pris pour un bourgeois débonnaire, pour un tranquille commerçant, était un tigre de jalousie auprès de qui le féroce baron de la légende gasconne, lui-même, était un agneau. Il les avait surpris, madame Duminet et lui, dans cette extase si ingénieusement élaborée, et savez-vous le discours qu'il leur avait tenu! — « Monsieur, avait-il dit en s'adressant à Clovis, vous regretterez, je l'espère, de vous être conduit avec moi comme le dernier des polissons, en abusant de l'hospitalité d'un de mes proches pour me faire cocu. Personnellement, à vous, je ne vous ferai rien. Vous ne m'avez juré aucune fidélité. Mais je vais découper en petits morceaux Madame devant vous et vous forcer à les manger les uns après les autres, en admettant que vous n'ayez pas déjà commencé. — Grâce! grâce pour elle! s'écriait le généreux Iraboul, vous me faites horreur et je n'ai pas faim! » Mais le cruel bourgeois avait déjà commencé son œuvre abominable. Avec un immense couteau à papier, comme un boucher debout devant l'étal, il détaillait les chairs admirables de madame Duminet, désossant soigneusement les épaules comme des ailes, détachant les cuisses avec l'expérience d'un maître-queux de profession présentant une volaille, souriant avec cela, épouvantable, mettant une visible coquetterie à ses opérations. L'instrument contondant, qui s'était aiguisé aux articles de M. Brunetière dans la *Revue des Deux-Mondes*, incomparable pour repasser les couteaux, venait d'ouvrir de rouges tranchées à travers les côtelettes de madame Duminet et approchait, frémissant, de cette gorge liliale dont il allait empourprer les blancheurs. Alors l'homme qui, depuis qu'il s'était mis à sa funèbre besogne, ne parlait plus, prononça je ne sais quels mots terribles. Car Clovis Iraboul, bondissant sur son canapé, se réveilla en sursaut, pris au gosier par la réalité même, en poussant un cri épouvantable : Ah!

III

Et il demeura comme hébété. Car il était sûr d'avoir entendu, absolument entendu, une voix vivante, une humaine, la voix de M. Duminet. Et il ne s'était pas trompé. Car M. Duminet, entré sournoisement dans l'atelier, pour faire le farceur chez un artiste, suivi de sa femme, tirant de la poche de son paletot un rouleau de papier, lui avait dit, en effet :

— Voici un dessin de ma femme.

Il fallut, pour le rasséréner et le tirer de la folie macabre où il était plongé l'apparition charmante de madame Duminet qui avec la même pantomime, et lui tendant un second rouleau, ajoutait ces consolantes paroles :

— Si les deux peuvent vous plaire...

— Je le crois bien, madame ! s'écria Clovis Iraboul avec une conviction éperdue.

— N'est-ce pas qu'ils sont joliment bien? conclut tranquillement M. Duminet.

VAINES TERREURS

VAINES TERREURS

I

— Adalbert, voulez-vous me prêter votre cheval demain matin? Ma jument boite depuis deux jours.

— De grand cœur, mon cher Edgar, répondit le joli vidame Adalbert de Follembuche qui n'avait rien à refuser au noble comte Edgar des Andives.

Mais, en réalité, il était vexé comme un dindon. Car lui-même allait se trouver ainsi privé d'une promenade aurorale à laquelle il tenait beaucoup. Mais quand on passe tous les étés chez un ami plus riche que soi, marié et qu'on a fait longtemps cocu, dans une délicieuse maison de campagne et entouré de tout ce confort que peut souhaiter un gentilhomme aux sentiments aussi délicats, on n'a vraiment pas le droit de refuser au dit ami une simple complaisance.

Donc, le lendemain matin, le noble comte Edgar des Andives enfourcha Baliverne, le coursier du joli vidame Adalbert de Follembuche, et sortit du château pour entrer dans un délicieux paysage qui eût fait sonner un frisson de rimes d'or dans l'âme d'un poète. Car tout était vibrations aux cordes de l'invisible lyre où l'aube venait de poser ses doigts d'argent et la nature n'était qu'une innombrable chanson montant des gazons, courant par les feuillages, s'égrenant du bec sonore des oiseaux au flot mélodieux des sources, traversant l'espace de rythmes obscurs et influis. Et c'était une irrésistible tentation de mêler une voix émue à ce concert, ne fût-ce que pour célébrer la gloire du soleil dépouillant son manteau de pourpre à l'horizon et ceignant de l'or de ses rayons embrasés la mélancolie violette des petites nuées qui semblaient des pétales de fleurs s'effeuillant dans le vide azuré du ciel, la lèvre de neige du lys, froide et humide comme celle des amants après les longs baisers, le cœur grand ouvert et sanglant des roses où les scarabées pendaient de vivantes émeraudes, le scintillement de pierreries que la lumière oblique allumait sur la rivière, comme un microcosme de regards entre les cils ombreux des joncs, le charme profond de tous ces réveils qui renouvellent l'enchantement d'une création intermittente et éternelle, tout ce qui fait, en un mot, de cet admirable moment du jour, une heure particulièrement douce aux imaginations folles et aux exquises rêveries. Mais le noble comte Edgar des Andives n'était pas pour ces sublimes futilités. Visiblement préoccupé, il ne construisait ni un sonnet ni une ballade. Mais il avait remarqué, depuis un mois, les assiduités de son voisin de campagne, le baron Jérôme des Humevessières. auprès de la comtesse Noémie sa femme, et, la veille, il avait entendu fort distinctement, en passant auprès du petit salon où il causait avec elle, le bruit d'un baiser. Or c'était une franche bourrique que notre précieux comte Edgar des Andives, mais il fallait lui rendre cette justice qu'il ne badinait pas avec l'honneur. Il avait le tort d'aimer la littérature de M. Brunetière, mais il était incapable d'être un époux complaisant. Ainsi, croyez bien qu'il ne s'était jamais douté des bontés que Noémie avait eues, trois étés durant, pour le vidame Adalbert. L'amour de ceux-ci en était venu à sa morte-saison, sans qu'il l'eût, un seul instant, soupçonné. Un jour, la comtesse avait dit au vidame : — « N'êtes-vous pas honteux de tromper cet homme de bien, votre meilleur ami ? — En effet, » avait répondu Adalbert qui avait une autre passion en tête. Et voilà comment ils avaient rompu, bien doucement, bien affectueusement, sans vacarme, en demeurant amis, la comtesse ayant, de son côté, un irrésistible penchant pour le nouveau voisin de campagne, le baron Jérôme des Humevessières. Combien de ruptures entre anciens amants, dont un retour à la vertu se fait gloire et qui n'ont pas d'autre secret! Seulement, le noble comte Edgar des Andives paraissait devoir être plus clairvoyant dans cette seconde étape de son déshonneur que durant la première. Et voilà pourquoi il était visiblement préoccupé, soucieux, et, pareil à Hippolyte, laissait flotter les rênes au cou de Balivorne, le cheval du vidame, sans seulement s'inquiéter du chemin que prenait celui-ci, et s'en remettant du but de sa promenade au caprice de sa monture.

II

C'est ainsi qu'il se trouva, tout d'un coup, et sans savoir au juste par quel chemin il y était arrivé, devant une fort coquette petite villa, cachée derrière un épais bouquet de tilleuls en fleurs qu'enveloppait un grand bourdonnement d'abeilles. Une persienne s'entr'ouvrit. L'étonnement du comte, subitement réveillé de sa méditation, fut à son comble quand le cheval se dressa contre le mur, sans qu'il eût besoin, pour en obtenir cette acrobatie, de lui serrer les flancs du talon. Machinalement le comte tendit la main en avant. Un billet y tomba, puis la persienne se referma, et, après avoir attendu un instant, comme si un morceau de sucre payait ordinairement ses complaisances, le docile coursier retomba gracieusement sur ses pieds de devant, et, secouant sa tête tout enguirlandée de volubilis, reprit d'un pas égal le chemin du château.

— Voilà, pensa, bien que peu fort de tempérament, le noble comte, un manège que cet animal fait tous les matins et ce farceur d'Adalbert a certainement une bonne amie dans ce rustique castel.

Et, comme il était, bien que stupide, parfaitement bien élevé, il ne se permit pas de lire la lettre dont il se sentait le simple porteur et non le destinataire ; mais la serrant dans une poche de son veston de velours, il reprit, tout en regagnant ses lares, sa méditation dont le dernier mot fut : « J'en parlerai à Adalbert qui est mon meilleur ami. » Puis il rentra, sur cette résolution saugrenue, et fit monter dans la chambre du vidame le billet qu'il avait reçu en route, après l'avoir enfermé dans une enveloppe.

— Qui m'envoie cela ? dit Adalbert qui se trouvait précisément dans sa chambre.

— Monsieur le comte en personne, répondit le domestique.

— C'est bien.

Adalbert ouvrit et lut : « *Monsieur, vous êtes un drôle et un polisson, mais je ne suis pas un Cassandre. Prenez garde à vous !* »

— Eh bien, en voilà d'une bonne ! pensa Adalbert. Ça aura duré deux ans sans qu'il s'en doute, et il s'en aperçoit, maintenant que c'est fini ! Ah ! les médecins ont bien raison de vous recommander de ne pas changer vos habitudes ! Voilà qui m'apprendra à être trop bon avec les cocus. Se faire tuer pour une femme qu'on aime encore, passe ! Mais, pour une qu'on n'aime plus, c'est un fichu destin! Et cette chère Elodie de Pétronminol qui, ce matin, m'aura attendu dans sa villa délicieuse et que je ne reverrai jamais si cet imbécile de jaloux me met traîtreusement à mal. Je te maudis, fatale Noémie qui m'as conduit en cette embûche, en cédant à mes transports passés. Tu n'aurais pas pu me résister un peu mieux et ne pas me créer tous ces embarras, femme adultère! Tu avais un mari jeune, toi, presque de mon âge, tandis que mon Elodie a l'excuse d'un barbon pour époux. Ne plus la revoir. Oh! mais je défendrai chèrement ma vie. Tu as bien fait de me prévenir, Othello des Andives! Je me tiens sur mes gardes, comme tu me le conseilles, et je glisse un bon revolver dans les arrière-fonds de ma culotte, à l'américaine, comme à Chicago la veste! Tu croyais avoir affaire à un poulet, mon gaillard. Tu vas te trouver en face d'un lion.

On sonna le premier coup du déjeuner.

— Je ne me ferai pas attendre, ajouta toujours mentalement notre héroïque Adalbert. J'aurais l'air d'avoir peur. Et il descendit, tout en grommelant :

— C'est égal, voilà un rude embêtement!

Très sombre, le comte Edgar des Andives l'attendait au bas de l'escalier.

— J'ai à vous parler avant que la comtesse descende! dit-il au vidame, d'une voix sombre.

— A vos ordres, monsieur, répondit Adalbert, en serrant dans son poing droit son pistolet, tout en ayant l'air de se gratter innocemment les fesses.

Et ils entrèrent dans une façon de fumoir qui

confinait à la salle à manger et dont le comte referma soigneusement la porte.

III

Que ceux qui aiment les quiproquos se réjouissent. *Hæc dies quam fecit Dominus, exultemur et lætemur in eâ!* comme dit le Psalmiste. Jamais entretien ne fut plus digne d'être recueilli par un phonographe à Sainte-Anne. Le comte parla d'abord à mots couverts. Quand il en arriva à cette phrase : « J'ai entendu distinctement un baiser. » Adalbert, très agacé, s'écria chevaleresquement : — « Eh bien, c'était moi ! » Alors Edgar le saisit dans ses bras en s'écriant, à son tour : — « Sublime ami, tu veux la sauver, mais je sais que tu me trompes ! » — « Et il m'embrasse pour ça ! » pensa Adalbert ahuri. Et, pensant que le comte prenait mieux les choses qu'il ne l'avait d'abord supposé : — « Ah ! mon cher Edgar, pourquoi m'avoir écrit cette vilaine lettre ? »... Ce fut au tour du comte d'être abasourdi. — « Mais cette lettre, elle vient de... » — « Ah ! mon Dieu, pensa Adalbert, c'est l'autre qui se sera aperçu de quelque chose et qui m'aura exprimé son opinion avec cette franchise de mauvaise humeur ! J'aime mieux ça. Je n'ai pas peur de cet invalide ! » Et très gaiement il s'esclaffa du comique de la situation. Mais le comte ne riait pas du tout. — « Cela n'a rien de drôle ! » fit-il. Et il commença de parler plus clairement, exprimant les soupçons que lui inspiraient les assiduités du baron Jérôme des Humevessières auprès de la comtesse. Quel trésor de mauvais sentiments est au fond de notre âme. Le vidame, notre précieux Adalbert, ne s'avisa-t-il pas d'être pris de jalousie rétrospective et de trouver aussi cela fort mauvais ! Au lieu de calmer le comte, il l'excita contre leur commun rival. Ça apprendrait à Noémie à se consoler aussi facilement de la perte d'un amant tel que lui ! — « J'ai envie d'écrire à ce misérable ce que je pense de sa conduite, » fit le comte de plus en plus irrité.

— « C'est tout fait ! » s'écria triomphalement Adalbert. Et tirant de sa poche la lettre qu'il avait reçue, il lut : « *Monsieur, vous êtes un drôle et un polisson, mais je ne suis pas un Cassandre. Prenez garde à vous.* » Vous n'avez qu'à mettre au bas : *Approuvé l'écriture*, et à signer.

— Excellent ami ! Ah ! mon cher Adalbert, comment vous dire jamais ma reconnaissance.

Et, faisant ce que lui avait dit le vidame, le comte approuva et signa, cependant que sur le papier tombaient de grosses larmes, tant était grand son émoi d'avoir rencontré, dans la vie, un pareil ami !

BAL D'ARTISTES

BAL D'ARTISTES

I

Il y en a eu de tous temps et toujours bien vus par l'administration protectrice de la gaieté française. Car il n'a rien inventé, en tant que pudibonderies, ce précieux Bérenger que je conspue mentalement à regret. Car du diable si j'aurais pensé jamais ne pas entourer d'une vénération infinie le seul homme qui ait mis une loi de clémence, de rémission dans notre abominable Code. En voilà un qui prouve bien que nous ne sommes pas naturellement parfaits. Par la façon dont il finit, après avoir si bien commencé, je ne le trouve comparable qu'au pal lui-même. Oui, sous l'Empire, dont j'ai connu les douces années, les artistes donnaient des bals, des bals costumés où l'on était à peu près libre de n'avoir pas de costume, ce qui était un progrès manifeste sur aujourd'hui. L'autorité y prenait même part sous les espèces d'un sergent de ville que la préfecture imposait à l'amphitryon avant d'autoriser la fête. Elle y adjoignait même un pompier pour donner le change sur ses intentions débonnaires et pleines de sollicitude. Tout le monde donnait à boire au pompier et tout le monde regardait d'un œil furieux l'homme à tricorne. Le pompier s'en allait saoul et le tricornard furieux.

Nous nous rappelions ça l'autre jour, avec mon vieil ami, le commandant Mitraucu, qui était alors en garnison à Paris. Nous déplorions la perte de cette gaieté d'antan qui avait été la nôtre. Mitraucu en pleurait dans son absinthe. On prenait, dans ce temps-là, la peine de se déguiser pour amuser les autres et faire rire la galerie. Usage perdu. Maintenant nous n'avons plus que les magistrats qui, pour ne pas faire rire le monde du tout, revêtent trois fois la semaine un jupon de mérinos noir pour coller des jours de prison et des amendes aux pauvres petits joyeux. En voilà qui me désespèrent encore ! En les voyant, l'autre jour, saluer rudement, à faux il est vrai, mais de toutes leurs forces, les coupables du bal Lemardelay, je me disais : « C'est pour mieux faire saisir la différence entre les saligots et les braves jeunes gens du bal des Quat'z-Arts qu'ils vont acquitter... » Je t'en moque. Distinguer entre une manifestation d'essence purement artistique et une simple cochonnerie! Ils n'en sont pas à ces nuances. Tout leur est bon quand ils regardent avec les vieilles lunettes du sénateur Bérenger. Et nous nous confiions nos joyeusetés d'autrefois, Mitraucu et moi.

— Moi, me disait-il, je n'oublierai jamais le bal du peintre Godinet.

— Qui ça, Godinet ? lui demandai-je.

— Un artiste célèbre d'alors.

— Oh ! oh ! célèbre !

— Pas comme peintre, mais comme joueur de bouchon. Ah ! la riche nature ! Mort aujourd'hui ! Quelle verve ! Quel entrain les artistes de ce temps-là ! Tous des gommeux aujourd'hui. On se dit bien : ils étaient malpropres, mal élevés, horriblement fumistes, monteurs de scies et affreusement bruyants. Mais enfin c'étaient des hommes. J'étais alors jeune officier, de belle tournure, et je fréquentais volontiers, dans ce Quartier latin dont Murger fut le dernier historien, — pauvre Murger! ce que Sarcey le méprise ! — un débit de prunes où j'avais une adorable maîtresse, Lili Chassevent. Ah ! les grisettes de ce temps-là ! Elles descendaient en droite ligne et par la rue Saint-Jacques des courtisanes d'Athènes. Voilà pourquoi je les aimais. Elles me rappelaient Périclès que j'ai toujours regretté de n'avoir pas connu. On se dit bien : elles étaient fainéantes comme des loches, bêtes comme des oies, ignorantes comme des carpes, et carottières comme des sangsues. Mais enfin c'étaient des femmes. Je précise.

C'était en 1860. Le célèbre Godinet donnait son bal annuel, à l'occasion de l'ouverture du Salon, où il n'était jamais reçu. Mais comme il s'est bravement vengé ! Il est entré dans l'administration et a embêté, pendant dix ans, tous les peintres qui lui avaient refusé ses tableaux. Il leur perdait systématiquement leurs cartes, changeait leurs paletots et leurs parapluies de place pendant les séances du jury, leur appliquait tous les mauvais traitements bureaucratiques que notre immortel Courteline a si bien décrits dans ses *Ronds-de-Cuir*. Ce bal était un des plus recherchés de l'espèce. Tous les refusés s'y donnaient rendez-vous. On n'y était reçu qu'en costume et avec une femme au bras, également costumée.

II

Or, Godinet, qui m'honorait d'une amitié particulière, me dit : « J'ai une rude idée pour toi. Le sergent de ville qu'on doit m'envoyer est le mari de ma bonne. Nous le laisserons à l'office, et tu viendras, toi, costumé en sergent de ville. Avec ton physique militaire et distingué tout le monde y sera pris. Je tiens la tenue complète à ta disposition. Je te planterai en faction dans le vestibule. Tu prendras un air désagréable et tu joueras négligemment avec un casse-tête ou un coup-de-poing américain, ou un énorme porte-allumettes. Ça sera très amusant ! — Eh bien, interrompis-je, et Lili Chassevent ? —

Elle se déguisera en Ève, si tu veux, et dansera avec ton ami Laridelle. »

Je consentis et le programme fut suivi de tous points.

Lili était, ma foi, fort excitante en Ève avec une simple peau d'agnelet pour tout vêtement et encore était-elle posée sur l'épaule. Laridelle, non plus, n'était pas mal en serpent tentateur avec des écailles en papier d'argent et une grande langue en flanelle rouge qui lui pendait aux moustaches. Je l'avais beaucoup blâmé d'être venu à ce bal, parce que je le savais marié, bien qu'il n'en dit rien à personne et fit le garçon à Paris, cependant que sa légitime épouse se morfondait à Castelnaudary. Mais il ne m'avait pas écouté. Il n'était pas mal, vraiment; mais cependant, comme l'avait prévu ce mâtin de Godinet, tout le succès de la soirée fut pour moi. Tout le monde y fut pris. Je m'amusai comme un fou, car pas un ne m'adressa la parole; on me traita comme un vrai pestiféré de Jaffa, et je les entendais dans la grande salle, qui se disaient entre eux : — As-tu vu cet ignoble mouchard? — Hein! quelle crapule! — A-t-il assez la gueule de l'emploi? — Doit-il aimer à assommer les passants, celui-là! etc. J'étais extraordinairement flatté et je riais comme un bossu. Ce fut comme cela toute la nuit. Enfin, à force de me divertir tout seul, la fatigue me prit et je ne sais comment je m'endormis le front entre les coudes sur une vieille table de bois...

Quand je me réveillai, tout le monde était parti et il faisait petit jour.

— Eh bien, me dit Godinet, tu en as eu un succès!

J'ai eu toutes les peines du monde à les empêcher de te flche à l'eau.

— Tu es trop bon. Et Lili?

— Partie avec Laridelle. Ils t'attendent probablement chez lui pour boire une bouteille de champagne.

— Je vais les rejoindre.

Et je quittai ce lieu de plaisir, me disant que je ne m'étais jamais autant diverti.

Il faisait une belle nuit, ma foi, une de ces nuits de la fin d'avril, où une flèche de givre semble encore trembler au cœur des étoiles. Je suivais la rue du Bac, mon claque rabattu sur le front et serrant mon épée le long de ma cuisse. Je longeais le trottoir de droite quand, en passant devant un hôtel meublé, j'entendis un vacarme vraiment effroyable. La porte s'ouvrit sur un choc et un agent de la force publique, un vrai, celui-là, roula à mes pieds en me criant : « Camarade, à moi! »

Je n'hésitai pas, continua Mitraucu, en prenant une pose héroïque. Tout bon citoyen, même déguisé en fonctionnaire, doit secours et protection à l'autorité. C'est même uniquement pour cela que nous payons des impôts. J'aidai, de mon mieux, mon faux collègue à se relever et, tous les deux, nous nous élançâmes sur le couple qui tentait de nous échapper, après avoir bourré mon camarade imaginaire, cependant que, dans l'escalier, un commissaire en écharpe hurlait : « Au nom de la loi, arrêtez-les! » et qu'une femme furibonde, échevelée, clamait : « Pas de pitié! C'est mon mari! » Je venais de tomber à l'improviste dans un constat d'adultère.

Ah ! mon vieux ! quand nous nous fûmes emparés des deux coupables et, qu'à la lueur d'un réverbère, nous découvrîmes violemment leurs traits, quelle surprise ! Laridelle et Lili Chassevent !

Oui, cet imbécile de Laridelle qui, au lieu de la reconduire décemment chez moi, était venu, en une fâcheuse et deux fois coupable étape, se faire pincer, dans un garni, locataire de quelques minutes, par sa femme accourue tout exprès de Castelnaudary. Ah ! il tenta bien de lui donner le change. Il lui conta que c'était une simple espièglerie et qu'il était innocent, puisque Lili était ma maîtresse et pas la sienne. Canaille ! Le commissaire fit son office, et moi, gagné par la loyale figure de ce magistrat, je m'ouvris, en toute franchise, à lui.

— Je pourrais, me dit-il avec bienveillance, vous faire flanquer six ans de prison pour usurpation de fonctions. Mais je préfère vous dire que c'est un grand malheur pour vous de n'être pas sergent de ville. Vous auriez fait votre chemin.

Et, sur un ton prophétique, qui me revient encore plus saisissant aujourd'hui, il ajouta : Car les institions changeront peut-être, mais le sergent de ville, lui, ne changera jamais.

III

Mitraucu avait fini son récit. Je convins avec lui que ce commissaire à loyale figure était vraiment une nature de bon prophète. Le sergent de ville aime toujours à taper, principalement la nuit. Je crois même que l'expression de « tapage nocturne » a été inventée pour lui. Seulement, chez lui, la chose ne lui vaut que des compliments de ses supérieurs. Aussi les gens prudents les évitent-ils dans la rue et aiment-ils bien mieux avoir affaire à des criminels, parce que ceux-ci sont invraisemblablement moins bien armés. Affaire de goût, après tout, et opinion dont je laisse toute la responsabilité à Mitraucu qui est un frondeur. Moi, mon choix est tout fait. C'est tout seul, ou avec une bonne amie exclusivement, que j'aime à me promener à la clarté des étoiles, par les paysages tranquilles également méprisés des rôdeurs et des gardiens de la loi, le long des eaux murmurantes, sentant monter à nos genoux le frisson soyeux des grands iris, cependant que le crapaud fraternel, ce rossignol des canicules, jette au vent ses belles notes de cristal, et que les heures d'amour descendent sur nos fronts, silencieuses, les petites nuées s'effeuillant autour de la lune, comme les pétales d'une immense rose.

LA SOURCE ENCHANTÉE

LA SOURCE ENCHANTÉE

I

Au pied de la haie hérissée d'aubépine, séparant les deux propriétés et qu'on dirait, au printemps, poudrée de neige ; en un lit large d'un demi-pied, à peine, dont le sable, très fin, était d'un gris adorablement fin et moiré ; entre deux rives d'iris aux larges ailes de velours mauve, avec d'autres fleurs plus petites en bas, jaunes et blanches ; trop étroit pour refléter le ciel et coupant, à force d'être sinueux, toutes les images ; avec un cours sensible à peine que rebroussait le moindre vent, le ruisselet s'en allait mourir en une façon de petit lac peu profond où, filtré par les vases, bu par les terres, il s'anéantissait en un dernier frisson de fraîcheur. Ce fleuve minuscule et cet océan pour rire étaient l'orgueil du jardin de maître Sidoine, ancien magistrat, humble horticulteur devant l'Eternel, homme simple, au demeurant, et estimable, ayant rendu inconsciemment, et sans remords, durant trente ans, l'injustice, bon latiniste, comme les juges de vieille souche, et désespéré parce que son neveu Anselme, qu'il aimait comme un fils, n'avait aucun goût pour la procédure et volontiers faisait des vers. Anselme, lui aussi, adorait ce semblant de rivière et ce fantôme de mer et s'attendrissait, comme un bêta, à y regarder les bergeronnettes boire, sautillant sur leurs pattes effilées, avec ce joli hochement de queue qui semble toujours une reprise d'envolée. Et c'était, dans sa vie, comme un rêve, qui lui venait toujours de l'autre côté de la haie épaisse, haute, formidablement drue, cachant absolument les terres et la maison voisines, le propriétaire limitrophe, M. Petmal ayant, la rage de se clore chez lui comme en une enceinte fortifiée. Et le drôle en avait pour raison qu'étant vieux et laid, il possédait une admirable femme, en pleine fleur de beauté et de jeunesse, dont il était exaspérément jaloux. De fait, c'eût été une céleste bénédiction et une preuve de la miséricorde divine que ce barbon malséant fût cocu. Mais cocuaige, comme disait Rabelais, ne va pas toujours où il a affaire. Il est frère de Hasard qui procède à l'aventure et déroute, sans cesse, nos notions du sens commun. Donc, ce Potmal, grâce à des précautions exorbitantes et outrageantes au reste de l'humanité, jouissait impunément de son bien, mal acquis ci par un mariage immoral, et là par vingt ans d'un commerce déloyal dans les denrées des colonies. Chez lui aussi passait le ruisselet, avant de se rendre chez le précieux Sidoine, mais il n'en tirait aucune poétique joie, désespérant, au contraire, son mitoyen compagnon, en y jetant toutes ordures qui s'en venaient traîner, dérisoires, entre les fleurs du bon magistrat. Ce dernier faisait pivoter toute sa vie rurale sur ce petit cours d'eau, et quand les froids amers de décembre avaient congelé, jusqu'au fond, le petit lac, il en faisait briser l'écorce de frimas pour en réunir les morceaux en une glacière toute mignonne où il la conservait pour rafraîchir ses eaux potables en été. Ainsi tout lui était utile, en même temps qu'agréable, dans le bienfait hydraulique des dieux. Brave homme, décidément, et pas riche, bien entendu. Car l'excuse des magistrats, en France, pour la façon désordonnée dont ils distribuent les mois de prison à leurs contemporains, sous les plus futiles prétextes, est qu'ils n'en sont pas plus opulents pour cela, étant fort mal payés pour cette sympathique besogne, travaillant à la journée et non à leurs pièces. Voyez-vous qu'un gouvernement, pour se les rendre plus dociles encore, leur donne des appointements proportionnels aux années de détention et de travaux forcés qu'ils débitent ! Ah ! il ne ferait plus bon vivre en France, mes camarades, et ce serait vraiment le moment d'aller coloniser des terrains vierges. En attendant, il est de notoriété que nos juges, bien que pauvres, demeurent incorruptibles, au moins à l'argent, et il est beaucoup de pays dont on ne saurait en dire autant.

Grâce aux précautions que prenait ce damné Petmal, Anselme n'avait jamais vu sa femme, mais, par une de ces divinations sensuelles qui sont particulières à la jeunesse, par une intuition de nature électrique sans doute, il éprouvait le trouble extrême et inconscient de ce voisinage ignoré, de mystérieux effluves traversant, sans doute, les senteurs de la haie, et la mélancolique enfermée ayant peut-être, un jour, laissé tomber parmi les impuretés dont son mari profanait le ruisseau, quelque fleur de son corsage qu'Anselme avait retrouvée et respirée. Car tout est de nature cachée dans les divines affinités de l'amour. Toujours est-il que quelque chose était certainement venu jusqu'à lui de cette belle chair captive, de cette longue chevelure odorante et dénouée, de cette nonchalance délicieuse dans l'être, de tous ces trésors injustement gardés par un avare et qui eussent été, à lui, de si parfaites délices.

II

Or il advint que, ce jour-là, parbleu! un des premiers de l'été torride que nous traversons, le bon Sidoine reçut la visite de son vieil ami le docteur

Mataboul, Toulousain comme lui, ce qui me dispense d'en faire un plus long éloge. Ce fut une accolade touchante que celle de ces anciens camarades qui jadis avaient étudié ensemble, suivi les mêmes classes, dans la ville sacrée du Capitole. Et les souvenirs allèrent ferme, entre eux, en attendant le poulet sauté dans l'huile, les cèpes grésillés d'ail fin, le tout arrosé de villaudric authentique, qui leur devaient faire revivre, au moins, quelques heures gastronomiques de leur commune jeunesse. Ils se rappelaient les belles nuits où le ciel est d'un bleu sombre et brillant comme une coupe de lapis, les chansons montant des bords frémissants de la Garonne, toute cette gaieté ensoleillée où passe le carillon des cloches liturgiques, montant d'une fourmilière de briques reflétées dans l'eau.

— Au moins, boirons-nous frais, compagnon? demanda le docteur Mataboul.

— Je t'en réponds! reprit Anselme.

Et il donna l'ordre que, pour la première fois de l'année, les portes épaisses de la glacière fussent violées. On en rapporta des cristaux énormes et luisants qu'un marteau divisa davantage et qui mettaient une buée de fraîcheur à tout ce qu'ils touchaient. Le docteur Mataboul mit le plus gros dans son verre. Et, tandis qu'il y fondait, il se pourlécha les doigts d'une aile de poulet délicieusement rissolée avec un parfum lointain d'olive.

— Té! fit-il quand il eut bu. Quès-aco?

Et, ayant fait deux ou trois fois claquer sa langue comme une castagnette:

— Est-ce que cette eau vient de chez toi? fit-il.

— Eau et glace, oui, mon doux Mataboul. Mon étang me fournit tout.

— Eh bien, mon cher, tu te peux vanter de posséder une source d'eau précieuse. Tu as tout simplement Luchon chez toi.

Sidoine et Anselme goûtèrent à leur tour et firent une pantomime pareille.

— Par exemple ! s'écrièrent-ils, nous ne nous en étions jamais aperçus.

— On ne ferait pas mieux, continua le docteur, même avec des œufs brouillés depuis Wagram. On ne peut pas tenir le nez dessus.

Et le docteur Mataboul continua sentencieusement : — Tu me donneras dorénavant, Sidoine, mon villaudric pur, en te contentant de le faire rafraîchir à l'extérieur. Mais écoute-moi. Tu as peut-être chez toi, dans cette eau merveilleusement et naturellement minéralisée, une source de fortune.

— Je ne suis pas ambitieux d'argent.

— Oui, mais tu as ton neveu Anselme que tu adores et qui sera vraisemblablement un propre à rien. Il faut songer à lui. Laisse-moi emporter un peu de cette eau qui flotte autour des glaçons. Je la ferai analyser et, si mon goût ne m'a pas trompé, tu as de quoi embêter furieusement Bagnères, Cauterets et Enghien. Çà, donne-moi quelques cèpes pour changer l'air de ma bouche. Et il y a des imbéciles, même à Toulouse, qui se servent d'eau de Botot ! Hardi, mon camarade, et buvons à nos défuntes maîtresses. Car il est probable qu'elles sont mortes aujourd'hui les pauvres bougresses dont l'hygiène ne valait pas la nôtre. Ces filles folles ont tous les esprits, même celui de mourir jeunes, ce qui les dispense de mourir de faim.

Et, sur cette consolante pensée, le philanthrope Mataboul huma un grand verre de villaudric, pas plus baptisé qu'un sarrasin. Puis il commença à lutiner la servante en lui tapotant les fesses, mais sans lui faire de mal, avec la délicatesse professionnelle d'un vrai cochon.

— Si Bérenger te voyait ! insinua Sidoine.

Enfants, c'est moi qui suis Lisette !

entonna Mataboul sur un autre verre, pendant que la servante se grattait le derrière, en faisant semblant de se fâcher.

Quand les deux vieux se quittèrent, ils avaient des larmes dans les yeux.

III

Huit jours après, Mataboul envoyait l'analyse de l'eau recueillie en un flacon bouché à l'émeri. C'était stupéfiant. Le savant praticien avait eu raison. Bagnères-de-Bigorre n'était plus qu'un mythe, Cauterets une illusion, Enghien une fumisterie. Il fallait exploiter immédiatement cette eau anticatarrhale au premier chef, sulfureuse comme un terrain de Sicile. Mataboul, sachant son ami sans fonds, lui proposait les avances nécessaires. Anselme serait administrateur général des thermes nouveaux. Anselme ? Ah ! il y songeait bien, le pauvre hère. Depuis que, lui aussi, en frappant son villaudric, en cette mémorable soirée, il avait bu de cette eau mystérieuse, une indicible mélancolie d'amour, mêlée de désirs fous, lui était venue. Il avait ce mal plus ardent, et comme envenimé, de cette inconnue, sa voisine, dont la vision, plus voluptueuse encore, le hantait de plus près. On eût dit qu'un poison obscur était dans ses veines et lui donnait toutes les audaces du désespoir. Ne creusa-t-il pas de véritables souterrains de verdure dans la haie profonde pour se rapprocher d'elle. Ainsi la vit-il et faillit-il en mourir de joie. Ainsi lui parla-t-il et crut-il que c'était la voix des anges qui lui répondait. M. Sidoine va devenir très riche, le conseil d'Etat lui donnera une concession et M. Petmal va devenir cocu. Et savez-vous seulement le point de départ de ces incroyables aventures? Eh bien, le jour même où le petit lac de M. Sidoine avait gelé, M. Petmal avait fait couler chez lui, dans le ruisselet commun, tout un bain de Barèges que madame Petmal venait de prendre contre une velléité d'anémie. Ainsi se trouvaient conservés, dans la glace, les principes sulfureux qui n'avaient pas échappé à la sagacité du docteur Mataboul et les éléments bien autrement mystérieux, émanant des effluves mêmes de femme aimée qui avaient si fort troublé les sens et la raison d'Anselme. Car ce que nous apprend la science n'est rien auprès des merveilleuses découvertes qui nous viendraient de la passion, si celle-ci daignait étudier.

HISTOIRE DE GARNISON

HISTOIRE DE GARNISON

I

N'en déplaise à l'immortel auteur de *Boubouroche* et de *Lidoire*, je trouve que c'est très bon d'avoir été, si peu que ce soit, militaire. Ça vous fait retrouver des camarades avec qui l'on cause d'une intimité toute particulière ; ça vous rappelle un tas de bonnes aventures, ô gué! Vous n'en êtes pas encore aux délices mélancoliques de vous souvenir, camarade Courteline. Mais vous apprendrez, qu'un jour, c'est ce qui reste de mieux à faire et vous aimerez tous ceux qui vous aideront à ce métier-là.

Il y avait des siècles que je n'avais rencontré Baudrille, le plus bel officier de ma promotion, aujourd'hui bourgeois, comme moi, mais avec une rosette à la boutonnière qu'il a gagnée sur un bon cheval de bataille et non sur un rond de cuir. Ah ! la bonne causerie que nous avons retrouvée, deux heures durant, sous la tente d'un café du boulevard, en fumant des cigarettes ! Nous en sommes-nous raconté des histoires d'amour ! Baudrille s'est marié jeune. Il était déjà marié n'étant que lieutenant. Une femme admirable, mais inféconde comme Sarah. C'est une remarque que j'ai faite. Rarement les femmes d'une beauté accomplie se reproduisent. On me dit que certaines l'évitent de peur que leur splendeur en soit altérée, et c'est tout au plus si j'oserais le leur reprocher, tant le beau me semble une chose à laquelle toute autre doit être sacrifiée. Mais j'aime mieux croire que la nature a quelque logique et se dit : A quoi bon aller plus loin, puisque je ne ferais pas mieux? Chez les races vraiment civilisées, la reproduction devrait être une tendance continue, incessante vers l'amélioration du type. Les Spartiates le savaient et le sentaient, qui jetaient à l'eau les enfants mal fichus. Un être qui ne doit pas revivre dans une forme supérieure, n'a vraiment qu'à se tenir tranquille. Quand donc la perfection est atteinte, le destin lui-même doit mettre un salutaire : holà ! à d'inutiles fantaisies. Mais je reviens à mon camarade Baudrille, du N^me^ d'artillerie, dirai-je pour imiter la discrétion des formules algébriques. Etions-nous contents de nous revoir! Ah! il m'en a rappelé de bien bonnes, et je vais vous en compter une, à mon tour, en regrettant de ne pouvoir vous offrir en même temps, comme il le fit lui-même pour moi, un excellent verre de bière par cette insupportable chaleur.

Il était alors marié déjà, lieutenant et en garnison à Toulouse — si j'ai bonne mémoire. O Toulouse, patrie des artilleurs! C'est ton vent d'autan, sans doute, qui nous vaut ces vaillantes générations de bombardiers qui vont, tout naturellement, se perfectionner à l'Ecole Polytechnique. Il n'avait pas quitté Toulouse sans regrets, — on ne quitte jamais Toulouse sans regrets! Toulouse, la ville aux rouges toits — mais enfin il était venu en permission à Paris, pour affaires vraisemblablement — je dirai même certainement, puisqu'il n'avait pas emmené sa femme, l'admirable Toulousaine que j'ai dite, la fine fleur de sang latin dont l'âme venait de Pœstum même, et dont il était d'ailleurs amoureux comme il convient. Vous pensez s'il était résolu de lui demeurer fidèle durant son voyage. Mais le lieutenant Malécasse et moi, que ça ne regardait en rien, en avions décidé autrement. Ce sacré Malécasse surtout, qui, en garnison à Versailles, y avait le loisir de machiner un tas de polissonneries. Car Versailles est une cité si solennelle, si majestueusement ennuyeuse, qu'on rêve d'y faire toujours quelque cochonnerie, dans le vague espoir d'en changer un peu l'air. C'est des petits besoins sacrilèges, des velléités de profanation qui sont naturellement en nous. C'est une forme de l'esprit de contraste dont nous sommes intérieurement habités. Baudrille devait fauter à Paris. C'était résolu.

Mabille était alors en pleine prospérité, avec Olivier Métra pour chef d'orchestre et, pour habitués, les poètes dandys de l'école d'Arsène Houssaye, un séjour délicieux, comme on disait au bon vieux temps, avec d'admirables ombrages que caressait, en dessous, rebroussant le chemin des rayons de la lune, le souffle harmonieux de la *Valse des Roses*, une façon de paradis bien païen où les pommes étaient au corsage des dames et se cueillaient par centaines, dont un archange en frac noir, avec une chaîne d'argent au cou, vous ouvrait complaisamment la porte, l'asile des premières chorégraphies suggestives dont nous sommes rebattus aujourd'hui, asile discret où la grâce tenait plus de place que l'acrobatie, d'où l'on eût chassé impitoyablement la malapprise qui eût décrotté, en dansant, ses souliers dans sa main ! O Mabille ! comme à Toulouse, je te veux donner un souvenir affectueux en passant. Malécasse et moi nous y conduisîmes l'ingénu Baudrille, comptant sur la griserie naturelle du décor pour l'induire en tentation véhémente. Et voici comment nous y avions réussi.

II

— Malécasse, qu'est-ce que c'est que cette particulière?

Ainsi parla l'ingénu Baudrille, en nous montrant

une superbe créature qui semblait promener un dédain absolu dans ce milieu de contagieux plaisir.

Malécasse, qui connaissait, comme pas un, son Tout-Paris, campa son monocle sous son sourcil, se frappa légèrement le front sous son chapeau et s'écria : — Ton affaire !

— Hein? fit Baudrille.

— Certainement. Ah ! si une pareille bonne fortune te tombait du ciel, tu serais un bien grand sot de la refuser.

— Quelque drôlesse ! Tromper ma femme pour une catin !

— Non, mon cher, pour la plus sage des femmes, en même temps que pour la plus charmante.

— Tu veux rire?

— Sage avec son amant, bien entendu ! Aussi ma surprise est bien grande de la rencontrer ici, je t'assure. Elle adore le comte de Proustailles, son premier et seul amant depuis six ans, et la rumeur publique est qu'elle espère s'en faire épouser. Elle y travaille, au moins, de tout son zèle. Le comte est veuf. Sa femme était charmante et il l'a sincèrement pleurée. On dit que son plus grand chagrin est de ne pas avoir d'enfants. Il les adore. On le voit passer des heures entières aux Tuileries à regarder jouer les bébés, et quand l'un d'eux vient se jeter dans ses jambes, il faut voir comme il le relève et comme il l'embrasse !... Oh ! si sa maîtresse, si Laure, si cette belle fille pouvait lui en donner un... On ne sait pas... Maintenant tu la connais comme moi. Mais comme elle te regarde !

— Tu te moques de moi.

— Je t'assure qu'elle ne te quitte pas des yeux. Voilà maintenant qu'elle te sourit. C'est trop fort. Sans doute, ils sont brouillés, elle perd la tête et veut lui donner quelque jalousie. Car ce n'est pas certainement pour tes charmes naturels...

— Dis donc! fit Baudrille qui avait conscience de ce qu'il valait comme cavalier et en qui le bel homme n'abdiquait pas, même chez l'époux fidèle.

Et ce petit moment d'amour-propre avait suffi pour le rendre vulnérable. La vanité est décidément le plus grand ennemi de l'amour. Pour bien montrer ce qu'il valait, il répondit aux œillades incontestables de la dame, s'approcha d'elle, lui offrit le bras et disparut, sous les ombrages traversés de lanternes chinoises, avec elle, nous laissant, Malécasse et moi, aussi étonnés que charmés du succès inattendu de notre premier effort. Ce sacré Malécasse! Il en but, de joie, une bouteille de champagne, avant de rentrer à Versailles par le dernier train. C'est un peu de gaieté qu'il emmagasinait avant de rentrer au sépulcre qu'emplit encore l'ombre du grand Roi.

III

Le lendemain, à dîner, nous nous rencontrâmes et il me dit :

— En voilà bien d'une autre! J'étais au ministère de la Guerre tantôt, quand la maîtresse du comte de Proustailles y est venue demander communication d'un dossier. Elle obtient tout ce qu'elle veut, cette mâtine.

— Quel dossier?

— Celui de Baudrille, parbleu! Tu vois bien qu'elle en tient pour lui.

— Et on le lui a confié un instant?

— Non! on lui a donné seulement les indications qu'elle demandait. Mais vois si c'est drôle? Le commis Chaminet, avec qui je causais un instant auparavant, et qui avait retiré des pièces du dossier du lieutenant Trouminard, emmêla le tout, si bien que les détails qu'il lui donna sur le lieutenant Baudrille se rapportaient au lieutenant Trouminard. Tu vois si c'est comique! Trouminard! une vieille culotte de peau sortie des rangs et qui a sept enfants. Je riais en moi-même, à m'en tenir immatériellement les côtes. Et c'est comme ça que ça se passe dans les ministères...

— Pas depuis que j'y suis, lui dis-je un peu froissé de ce ton badin.

. . . .

C'est Baudrille qui nous raconta, lui-même, le lendemain, la fin de l'histoire.

La dame lui avait donné un rendez-vous pour la veille au soir. Maintenant je le laisse parler lui-même.

— « La dame me reçut dans une chambre délicieuse — la sienne. Un souper était servi sur une table d'une élégance parfaite. Je n'en aperçus que les plus alléchants détails : du caviar, une langouste ouverte, des truffes partout et une salade de céleri. D'admirables vins, à en juger par leur couleur dans des carafes de Venise. — Monsieur, dit-elle, vous êtes surpris de ma démarche probablement. Je l'assurai que non. Il me parut qu'elle réprimait un léger haussement d'épaules. Et puis, elle se mit à déchiqueter une fleur du bout de ses doigts, avec un air parfaitement ennuyé, comme quelqu'un qui ne sait comment passer le temps en attendant une chose qui lui coûte à faire. Je trouvai, en moi-même, que nos modernes Aspasies ont joliment usurpé leur réputation d'esprit. — Depuis combien de temps êtes-vous marié, lieutenant? me demanda-t-elle tout à coup. — Depuis trois ans, répondis-je. — Et déjà sept enfants! reprit-elle avec une indéfinissable expression d'admiration affectueuse. — Moi, madame! Pas un seul! m'écriai-je avec véhémence... Ah! mes amis! Elle me regarda avec un air! Puis, elle lança d'un coup de pied dans la table tout ce qui était dessus, et me montrant la porte : — Sortez! sortez! misérable! Trois ans de ménage et pas d'enfants! »

Ce sacré Malécasse crevait tout simplement de rire. Moi, je me tenais de mon mieux.

— Adieu! nous avait dit Baudrille. Je retourne à Toulouse.

Il était furieux. L'autre jour, il en riait avec moi. Et puis nous avons reparlé de Toulouse et, comme des enfants, nous nous sommes attendris en promenant notre rêve du clocher de Saint-Etienne à celui de Saint-Sernin!

L'OURS

L'OURS

I

D'où me venait ce chagrin d'amour? Du diable si je m'en souviens aujourd'hui! Me rappellerai-je jamais toutes celles par qui j'ai souffert, au temps fleuri et lointain de ma verte jeunesse! Ceux qui d'aimer font leur état, de torture font leur salaire. Etait-elle brune? Etait-elle blonde? S'appelait-elle Marthe ou Marie? Ne m'en demandez pas si long. M'avait-elle odieusement trompé ou lassé simplement de ses inintelligences de cœur? — Car l'un n'est pas moins cruel que l'autre! — Toujours est-il que j'avais juré de ne la plus revoir, et que, sous les hauts peupliers qui font sentinelle au pied du faubourg Saint-Cyprien, dans la large plaine qui borde la Garonne, le long de l'eau qui secouait, sous la lune, un cliquetis d'argent, par une de ces belles nuits toulousaines dont le voile d'un bleu sombre semble accroché au ciel par des clous de diamant, pareil au divin Orphée, mais pour de moins nobles douleurs et une indigne Eurydice, je promenais une mélancolie farouche, avec de ridicules tentations de demander au grand fleuve dont chaque caillou est un mensonge, le rêve éternel ou les éternels oublis. Tout m'était amer, dans cette grande impression de solitude et de tristesse, même cette ironique sérénité des choses, et le calme de cet horizon crépusculaire où le grand pont ne mettait qu'une ombre circonflexe, entre la Daurade et la Dalbade montueuses à peine dans l'air obscur et vibrant; et variant seulement l'horizontale monotonie des toits dont la brique étincelante s'était éteinte avec le soleil couchant, Saint-Sernin n'était plus au loin qu'une vapeur à peine brune. Et je me sentais comme un exilé dans la ville fraternelle dont chaque pavé m'est un ami, chaque brin d'herbe entre les pavés un souvenir, où je revis encore aujourd'hui mon enfance en mille riens qui sonnent à mon oreille avec un murmure de tendresse, avec un bruit de baisers! Fallait-il qu'elle m'eût chassé de moi-même et de mon propre cœur, celle qui l'avait meurtri à ce point qu'il n'y eût plus de place pour le baume même d'une consolation! Les femmes ne sont jamais vraiment, pour nous, qu'une façon d'être de la fatalité. Nous pouvons oublier leurs traits et leurs noms, mais leur œuvre demeure en nous par le vide des illusions perdues et des caresses volées.

Ainsi méditai-je en ce paysage d'une ineffable poésie où le déclin du jour allume des milliers d'étoiles, où le réveil des cloches salue encore les aubes catholiques, me croyant prêt aux plus funestes résolutions — que nous nous connaissons mal nous-mêmes! — quand une rumeur très lointaine me vint, qui mit dans ma lamentation intérieure comme le bruit de grelots d'une mule qui passe. Il y avait, comme presque tout le long de l'année, fête foraine le long des allées Lafayette, et un changement subit dans l'orientation du vent en avait fait arriver quelque chose jusqu'à moi, cinglant mon oreille d'un filet de cacophonie, aigre comme une airelle, mais amorti cependant par la distance.

Un revirement subit dans ma pensée se fit de cette invasion musicale. J'étais trop bête vraiment! Avec l'énergie d'un homme qui a pris une résolution — et ce n'était pas cependant mon cas — je montai un de ces escaliers de pierre qui séparent les quais aux hauts platanes de la berge, et, remontant dans la direction de l'hôpital, que l'ombre chère du peintre Fauré habite encore pour moi, je traversai la Garonne et m'en fus vers le lieu de ces réjouissances bruyantes, me disant qu'il valait mieux, au demeurant, s'étourdir que se désespérer.

II

La symphonie lointaine, que la foule semblait balancer sur ses épaules comme la vapeur qui flotte sur un cours d'eau tumultueux, s'était défaite dans un vacarme où le trombone mugissait, où la grosse caisse tonnait, où la petite flûte geignait, où les cymbales éternuaient, et tout cela sur des motifs différents, se croisant en larges volées de cuivre et en sifflements de bois. Et cet étrange concert emporté sur les ailes d'une chaude odeur de pâtisseries en plein vent et sucrées de poussières, rythmait le boniment des acrobates, cependant qu'aux lueurs intermittentes et rouges des résines, les lutteurs, gloire bestiale de notre pays latin, insultaient d'imaginaires rivaux perdus dans cette mer humaine. Tout à coup, faisant, autour d'elle, un cercle comme une pierre qui tombe dans l'eau, une gitane commença de faire travailler son ours et me retint par la grâce pittoresque de ses leçons. Son visage? Deux pointes de braise qui étaient ses yeux dans un fagot aux branches menues qui était sa chevelure. Il semblait que cela allait grésiller et jeter dans l'air des étincelles. Des dents très blanches, soudain découvertes par un large rire déchiré dans un lambeau de pourpre, faisaient passer, dans ces brindilles fumeuses, comme des perles de sève jaillissant, éblouissantes, d'une écorce sombre. Mais c'était la souplesse féline de ses mouvements, instantanément comme figés dans un bronze qu'une fusion continue prêterait à des formes toujours nouvelles, qui faisait de cet être bizarre et de tentation malsaine, un réel et mystérieux enchantement. Son élève, debout devant elle, un anneau dans le nez, roulait maladroitement un gros bâton entre ses pattes velues aux dessous gantés de peau humaine; cet animal, que les naturalistes s'obstinent à appeler Martin, a le don de réjouir singulièrement le populaire. La foule généreuse n'hésite pas à lui cracher sur le nez quand il est solidement attaché et les auteurs évoquent insolemment, devant lui, le tragique souvenir des caves de l'Odéon dont les vins ne s'améliorent pas en vieillissant.

Celui-là n'était pas fort grand et il me sembla que, comme ours, il n'avait pas de grandes dispositions, tant ses mouvements étaient maladroits. Bientôt le public avait formé, autour de ce couple bizarre, la femme et l'ours, un de ces cercles humains que les coudes les plus pointus et les plus impatients ne parviennent pas à rompre, une de ces prisons d'épaules et de hanches où Silvio Pellico, lui-même, malgré l'habitude qu'il en avait, se serait trouvé mal à son aise. Un pédant, comme il y en a partout, même en dehors des Académies, trouvait moyen d'y discourir. Il apprenait gravement à un tas de naïfs comment les amazones enseignaient autrefois la musique aux ours en leur donnant des tartines de miel quand ils avaient bien chanté. Une vieille dame ayant émis des doutes sur la véracité de cette histoire, il la convainquit en lui prouvant que maintenant encore le pain d'épice éclaircit la voix. — C'est extraordinaire, dit-elle, j'en ai beaucoup mangé et ce n'est pas la voix qu'il a éclaircie en moi... Je n'écoutais pas ce bavardage. J'étais comme hypnotisé par cette dompteuse de bêtes à laquelle — insultante constatation — je me sentais appartenir. En ses moindres mouvements je la suivais, mû par une force intérieure et secrète, la révolte, sans doute inconsciente et obscure, de l'amour que je voulais chasser de mon cœur. Ah! tant pis! quand, après avoir dansé à indigner la reine de toute chorégraphie, dame Mariquita, l'ours, avec une soucoupe attachée à la patte, fit la quête, je n'y tins plus, et, traîtreusement, dans le tohu-bohu populaire, je pinçai... mes ongles éperdus s'en cassèrent... et je mis un baiser... Il me sembla que les lèvres flambaient. Puis je jetai un louis dans la soucoupe de l'ours et je me sauvai comme un voleur.

Mon mal m'avait repris, après cette courte folie, ce voyage d'une seconde dans le pays de l'inconnu, et je me remis à marcher à l'aventure sur le sable sonore et sur les feuilles déjà tombées, l'estomac vide et le cerveau plein de fumée, dans cette fête bruyante, indifférente, impie aux douleurs discrètes. Las et les jambes brisées, je me laissai tomber dans le premier fauteuil venu, sans le regarder. Une vieille dame me demanda deux sous que je lui donnai sans marchander. Alors le fauteuil fit un petit mouvement, et la vieille dame me dit: « Vous pesez quatre-vingt-un kilos. » Ça m'était bien égal. Ce qui m'ennuya, c'est qu'elle me força ensuite de me lever. J'allai m'asseoir un peu plus loin, dans une façon de retrait où j'espérais être tranquille. Une seconde vieille dame me demanda trois sous. Ça augmentait. Il est vrai qu'elle me remit, par-dessus le marché, un journal presque entier ; mais je n'avais pas envie de lire. Elle me le reprit un instant après en m'appelant fumiste et fainéant. Alors j'allai un peu plus loin. Cette fois-là une troisième vieille dame me demanda quatre sous. La vie augmentait décidément à Toulouse. Tout à coup je me sentis enlevé par derrière et emporté dans l'air, à rebours, de la plus déplaisante façon, au milieu d'éclats de rire et sous le vent douteux de jupons affolés. J'étais emprisonné sur le siège d'une de ces machines tournantes qui imitent à s'y méprendre le mal de mer.

Quand j'en descendis, je compris enfin que la société des hommes n'était pas faite pour les malheureux et, quittant brusquement la large chaussée toute ruisselante de lumière, je descendis dans l'ombre de la rue latérale rétrécie encore par l'empiètement des roulottes de tous ces saltimbanques débordant la margelle de pierre dont elle est bordée.

III

Tout à coup une ombre se détacha d'entre deux de ces maisons ambulantes, au plus obscur de ma nouvelle promenade, et je vis distinctement venir à moi un ours, debout sur ses pattes de derrière, un ours qui marchait lentement, un ours échappé certainement de quelque ménagerie foraine. J'avais une excellente canne et j'étais résolu à lui vendre chèrement une vie dont je faisais cependant bien peu de cas, quand soudain, s'arrêtant à quelques pas, il rejeta, d'un coup de patte sous le menton, sa lourde tête en arrière, en un geste autrefois familier à Ledru-Rollin, et me dit d'une voix qui n'avait rien d'aimable... au contraire :

— Monsieur, je suis le mari de la gitane.

— Monseigneur, lui répondis-je sans hésiter — car il n'est qu'un gentilhomme pour avoir de ces fantaisies-là — je suis à vos ordres.

— Saviez-vous qu'il était faux?

— Non, monsieur, mais maintenant je m'explique pourquoi je m'y suis cassé les ongles.

— Pardon ! de quoi parlons-nous?

— Mais j'imagine, mon garçon (l'indignation de cette découverte me rendait familier), de ce que j'ai touché.

— Savez-vous, au moins, où vous l'avez touché?

— Parfaitement, et je vous répète, drôle, que je suis prêt à vous en rendre raison.

— Vous feriez mieux d'en demander un autre à la caisse qui vous l'a donné.

— Manant, je vous forcerai à respecter votre femme malgré vous et je vous défends d'appeler une caisse le derrière de madame la marquise.

— Hein? fit l'ours ahuri. Mais il n'est pas question de derrière dans tout cela, monsieur. Il est question du louis que vous m'avez donné, et qui est faux. Ma femme et moi avions commandé un excellent dîner, et vous comprenez que c'est vexant.

— Ce n'est que cela, monseigneur! Permettez.

Et, lui rendant toute mon estime, je lui donnai un autre louis, parfaitement authentique. La gitane survint, qui me remercia vivement de ma largesse. C'étaient d'excellentes gens que ce ménage. Ils m'invitèrent à dîner et je passai vraiment, en leur compagnie, une excellente fin de soirée.

MIRAGE

MIRAGE

I

Voilà que déjà, ignorantes aujourd'hui des saisons comme le calendrier lui-même, les araignées automnales ont commencé de tendre, entre les hautes tiges des glaïeuls et des roses trémières, leurs fines toiles où se prennent les gouttes de rosée, transformant ce léger filet de soie en un réseau de perles où s'irradie en tous sens la lumière, pressées les unes contre les autres, teintes d'un vague arc-en-ciel, rideau transparent derrière lequel toutes les choses apparaissent déformées. C'est comme une parure que l'été, las de la musique stridente des cigales, attache aux branches en sortant du bal.

Infiniment moins gracieux, mais vaguement analogue, était le vitrail en culs de bouteilles, constituant l'unique jour sur le dehors, au rez-de-chaussée du moins de la maison qu'habitait, dans la petite rue des Huchoirs-Galants, en la bonne ville de Blois, le tisserand Magloire, en l'an de grâce 1493. Un auvent de bois sculpté, où des diablotins se poursuivaient en se tenant la queue, le surmontait. J'entends l'auvent et non pas le tisserand Magloire, dont l'auvent naturel était surmonté d'autre chose, comme on le verra plus loin. Car en ce temps lointain, avant que le sénateur Bérenger et la *Revue des Deux-Mondes* nous eussent apporté la bonne parole d'une morale impeccable, il y avait encore des cocus. Nos pères s'en amusaient même infiniment, ayant le goût des spectacles économiques, comme les Anglais quand nous leur envoyons nos comédiens. Mais je reviens à mon vitrail en culs de bouteilles qui faisait, dans le mur, un trou rectangulaire, bossué, à demi transparent, multicolore en des tons verts et rouges, quand le soleil couchant, allumant de fugitives clartés à tous ces vallons, glissait, oblique, par la petite rue. Il éclairait intérieurement et assez mal d'ailleurs, encadré d'une lourde ferraille, impossible à ouvrir, une large pièce à laquelle on ne pouvait parvenir qu'en faisant, par derrière, le tour de la maison, ce qui demandait un certain temps. En s'en approchant beaucoup, du dehors, on voyait plus mal encore ce qui se passait au dedans, les images étant toutes contournées par ces sinuosités de la vitre semblable à une eau dans laquelle tombe une averse. Notez cependant que, dans cette vision extérieure, les choses demeuraient, à fort peu près, en leur place.

C'était un brave homme, ce tisserand Magloire, et ayant quelque bien, une jolie femme et un ennemi. Son bien consistait en de laborieux acquêts faits pendant le mariage ; sa jolie femme en une brune superbe ayant la trentaine déjà, mais d'avenante allure et de beauté corporelle parfaite ; son ennemi en un méchant voisin très jaloux de ce double trésor. La dame s'appelait Isabeau et le drôle Machelu. Autant elle était charmante, autant était-il laid de toute la laideur de son âme qui lui poussait en boutons enflammés sur le visage et en poils roux embroussaillés sur le crâne. Ah ! la sale rogne ! Comment n'était-ce pas lui qui était cocu ? Parbleu, parce qu'il n'était pas marié. Le célibat étant le grand parangon contre ce mal, si mal il y a. Comme il enrageait de ne pouvoir personnellement tromper ses contemporains, à cause de sa tant horrifique laideur, il se complaisait à aider ceux qui les trompaient, par pur amour du péché qui ne lui profitait pas, proxénète au besoin, pour faire quelques cocus de plus dans son voisinage. Et le fait même ne suffisait pas à sa male imagination. Il le voulait compliqué, gourmand qu'il était du déshonneur des autres, de mille détails piquants, d'amusantes circonstances dont il se pourléchait comme un vieux chat de lait caillé. Cette contemplation des infortunes d'autrui n'était pas son seul métier. Il prêtait à la petite semaine, aux jeunes gens de famille surtout, comme un juif, mais à intérêts plus considérables encore. Car il n'est pires usuriers que les juifs ayant reçu le saint baptême. Vraiment c'était une indignité qu'une si sale créature vécût si près — comme un crapaud auprès d'une rose, sinon d'un lys, — de cette tant belle dame Isabeau, si fière dans sa beauté roturière et bien portante, si bien en chair en toutes les parties de son être, avec des yeux malins qui disaient : non ! et un sourire bon enfant qui disait : oui !

C'est au moins le langage qu'elle avait tenu quelque temps au clerc Etienne qui en était féru comme pas un. Après quoi, elle ne lui avait plus tenu de langage du tout, les muettes caresses valant infiniment mieux que les vaines paroles, à moins que vous n'appeliez langage la douce musique des baisers qui dit toujours la même chose, scandée par les rythmes gémissants du lit sous les étreintes éperdues. Le fait est qu'ils ne causaient plus qu'en cet idiome harmonieux; mais ce qu'ils y étaient bavards ! à rendre jalouses les fauvettes ellesmêmes, qui babillent, tout le jour, dans les noisetiers. Eux aussi babillaient le jour, et quand ils le pouvaient seulement, les nuits étant réservées au vertueux Magloire, qui en passait la moitié à faire ses comptes et l'autre à ronfler comme une toupie d'Allemagne. Alors, me direz-vous, ce cher Etienne était tout simplement parfaitement heureux. Vanité de notre pauvre race ! L'est-on jamais ici-bas ? Il était embêté comme tout, par cette canaille de Machelu qui lui avait prêté quelque quarante écus, pour lesquels il lui en réclamait correctement cent cinquante, ceux-ci faisant eux-mêmes des petits pendant que le temps courait davantage. Car il n'est que les lapins et les cochons d'Inde pour être aussi prolifiques que les écus prêtés par d'indélicates gens. C'était, tous les jours, pour le pauvre clerc, réclamations et vexations nouvelles, si bien qu'il ne jouissait que sans cesse tourmenté et dérangé par quelque souci, d'un bonheur si digne du respect du destin. Dame Isabeau, qui souffrait quelque peu de ces distractions, partageait, de tous points et de tout cœur, la peine de son ami.

II

Or, il advint que Machelu dit un jour au clerc Etienne :

— Veux-tu, pauvre cancre, que je te remette ta dette ?

— Dieu vous entende ! maître Machelu, répondit Etienne, avec un douloureux sourire d'incrédulité.

— Et Dieu t'inspire ! continua le mécréant. Car cela dépend de toi. Je sais que tu fais délicieusement cocu mon bon voisin le tisserand Magloire...

— Je n'en puis convenir, maître Machelu ! fit Etienne avec indignation.

— Il n'importe ! je le sais et pourrais t'en apprendre sur ce point. Ainsi, je puis te dire encore que tu te caches sournoisement de lui pour attifer sa femme à ta façon.

— Vous ne voudriez pas, par la Vierge, que je le fisse en sa présence !

— Pardon ! c'est ce que je veux. Cherche, mon garçon, et, si tu y arrives sans qu'il te massacre justement, je te fais remise des trois cents écus que tu me dois actuellement. Sinon, tu iras, dans huit jours, en prison, et ne verras plus ta belle.

Et maître Machelu tourna les talons, en enfonçant sa crasseuse toque de velours sur sa tignasse de Quasimodo, cependant qu'il riait comme s'il eût avalé des castagnettes.

Etienne, lui, demeurait rêveur, affreusement mélancolique. Car il ne lui semblait pas que la chose fût jamais possible et il était certain que Machelu s'était moqué de lui. Néanmoins il conta son aventure à dame Isabeau, mais uniquement parce qu'il lui disait toutes choses, comme aux gens qu'on aime de toute son âme. Celle-ci passa ses mains blanches sous les lourds bandeaux qui mettaient comme deux ailes reposées à son front, et, pensive, dit un instant après à son galant : — Ecoute, mignon, je crois que j'ai une idée. — J'en ai tout le temps quand je vous vois, ma belle mie, répondit courtoisement le clerc, et il écouta avec une attention infinie.

— Passe demain, à quatre heures de l'après-dîner, devant la maison, et regarde au vitrail, de façon qu'on t'aperçoive du dedans.

— Et puis, ma dame bien-aimée...

Elle lui donna à l'oreille une longue explication, avec une pantomime expressive de ses jolis doigts, insistant sur certains points et répétant sensiblement les mêmes choses. N'écoutant pas aux portes, d'autant que je n'étais né en ce temps-là, ce qui est une raison, je ne vous redirai pas ce que dit dame Isabeau au clerc Etienne, d'autant que la suite vous l'apprendra fort bien, comme à moi-même. Mais il est temps, avant de continuer, que je fasse une libation à la Sainte Pudeur, qu'il ne m'arrive de la blesser en quoi que ce soit.

Donc Etienne fit strictement ce que lui avait commandé son amie. Il passa devant le vitrail, s'y arrêta ostensiblement, puis s'en fut frapper à l'huis du tisserand, lequel était un peu plus loin à gauche, sous un auvent de bois sculpté, comme la croisée. Magloire lui vint ouvrir lui-même, et, ne sachant rien des bontés que sa femme avait pour lui, lui bâilla le plus honnête salut.

— Maître Magloire, fit avec quelque embarras feint le clerc, ne prenez pas en mal l'avis que je vous vais donner en toute la probité de mon âme et uniquement pour vous rendre service et à la morale aussi. Ne choisissez pas cette heure du jour et la pièce qu'éclaire ce vitrail pour caresser votre femme, comme vous le faisiez tout à l'heure, ce qui est d'ailleurs votre droit, mais ce qu'il ne faut néanmoins pas montrer aux passants.

Le tisserand éclata de rire.

— Vous êtes fou, mon petit compagnon ! A l'instant, j'étais d'un côté de la cheminée, laquelle est fort large, et ma femme de l'autre et, loin de songer à la caresser, je la gourmandais pour une cornette neuve qu'elle avait achetée, sans m'en demander permission.

— Alors, maître Magloire, ce sont ces damnés culs de bouteilles qui font voir tout de travers. Car je vous assure qu'on aurait juré que vous faisiez tout autre chose.

— Pas possible !

— J'y ai été si bien pris moi-même que j'ai cru devoir vous prévenir.

— Et je vous en remercie ! fit avec bonhomie Magloire. Puis, un peu inquiet, il ajouta : — Ce serait ennuyeux tout de même qu'on ne pût plus gourmander sa femme pour une cornette, à dix pieds de distance, sans qu'on crût...

Et il se mit à réfléchir, ayant pris affectueusement Étienne par un bouton de son pourpoint.

— Il y aurait bien moyen de s'en assurer, hasarda timidement celui-ci.

— Et lequel, mon pauvre compagnon ?

— Mais il suffirait que quelqu'un entrât chez vous et s'allât placer à l'autre bout de la cheminée que votre femme, comme vous étiez tout à l'heure, puis fît semblant de la gronder, pendant que, d'ici, du dehors, vous regarderiez vous-même par le vitrail.

— Voilà, parbleu ! une maîtresse idée ! Veux-tu me rendre ce service ?

— De grand cœur ! fit Étienne, sentant son cœur bondir de joie. Car la ruse que lui avait conseillée dame Isabeau réussissait en plein.

Et il entra, et il s'en fut rejoindre sa bonne amie

dans la grande pièce, et le pauvre Magloire, dressé contre le vitrail à l'extérieur, vit au naturel ce que l'autre lui avait promis de lui faire voir, croyant à une illusion, qui était la pure vérité.

— C'est vrai ! on le jurerait ! fit-il à Étienne, en lui serrant les mains avec reconnaissance, quand celui-ci, tout haletant encore de son bonheur, le vint retrouver. Et il lui offrit un déjeuner somptueux, avec une canepetière pour rôti et du vespétro au dessert, à côté de sa femme qui riait à en plisser doucement sa jolie gorge, pour le bien remercier de lui avoir donné ce salutaire avis. Puis lui-même alla conter la chose à son voisin Machelu, et comment il avait vu, de ses yeux vu, Étienne en train de caresser sa femme. Un grand combat s'éleva chez celui-ci, entre son avarice et sa malignité naturelle. Il tint néanmoins son serment et délia Étienne de sa dette. Mais il refusa de lui prêter à l'avenir, ce dont celui-ci fut tout à fait ennuyé, car il menait grands frais pour offrir d'admirables fleurs à dame Isabeau, en toute saison.

N'oubliez pas que ceci se passait en 1493, avant la perfection que nos mœurs ont atteinte aujourd'hui.

TROIE POUR RIRE

TROIE POUR RIRE

I

Et ces choses se passèrent fort loin de notre temps, en 1573, si j'ai bonne mémoire, et je ne suis pour rien dans leur invention, les ayant lues en un grimoire monacal. Car, ainsi qu'on verra par ce récit et quelques-uns des suivants, je me pique d'érudition aujourd'hui, m'étant aperçu que l'actualité est chose constante et éternelle, rien ne se passant aujourd'hui qui ne se soit passé autrefois. L'homme passe, mais l'humanité reste. Or donc, piochons les vieux livres pour apprendre ce qui se passe aujourd'hui.

Et, dans le temps que j'ai dit, le manoir de la Humevessière avait pour châtelain le précieux seigneur Gontrand du même nom, et pour châtelaine dame Yolande, gens de mœurs renommées en notre Ile-de-France qui ne passait pas précisément pour la patrie de la vertu. Aussi ne fréquentaient-ils que société choisie, noblesse authentique, gens de naissance ou gens de clergé, méprisant tout le reste et notamment les pauvres trouvères qui ne pouvaient seulement approcher des murailles, leur viole à la main, sans être bâtonnés comme manants. Il y avait là surtout un sénéchal Bérenger, aïeul de notre père conscrit, qui ne souffrait aucune allusion malséante dans les propos et qui avait refait le vocabulaire pour en extirper tous les vocables compromis. Mais encore, dans ce précieux domaine, passaient-ils leur temps à mainte autre occupation pudibonde et les dames y consacraient leurs soirées à découper des feuilles de vigne pour les statues qui ornaient le portail gothique de la chapelle où quelques bons tailleurs de pierre s'étaient autrefois divertis, comme aux cathédrales de Bourges et de Rouen. Tous les hôtes de cette maison dont le verre devait être, un jour, si fâcheusement dépoli, professaient, les uns pour les autres, une admiration réconfortante, se congratulant mutuellement de leur haute vertu, se vénérant en public, et nul ne faisait un pet que tout le monde ne saluât en s'écriant : Quel baume ! et n'adressât au fugitif quelque aérienne oraison. C'était d'ailleurs le seul cas où l'on rit un peu. Car on ne s'amusait guère au manoir de la Humevessière. On s'y embêtait même à décrocher les mâchoires des chimères tendues en mâchicoulis et à faire aboyer d'ennui les chiens de granit sculptés sur le seuil. Mais on ne peut tout avoir, la gaieté et l'admiration des imbéciles. Ceux-ci n'avaient pas assez de respect pour cette citadelle des bonnes mœurs.

Mais oyez l'aventure inattendue et monstrueuse vraiment. Un beau matin n'apprit-on pas que le seigneur de la Humevessière, un bon diable dans le fond et que Dieu eut certainement en sa miséricorde, avait commis quelque menue peccadille conjugale, de celles dont nos aïeux riaient si bien et si justement! Car croyez bien, qu'au dehors, tous les rieurs furent pour lui, enchantés de lui voir un peu de sang gaulois dans les veines et n'en eurent-ils que plus de sympathie pour ce tardif révolté contre les règles austères de la maison. Les femmes, surtout, sauf la sienne toutefois, en conçurent pour lui un surcroît d'estime. Tel un moine qui fuit le monastère par amour. Dame Yolande, seule, prit la chose très mal et notez que cela est naturel, puisque, seule, elle avait à se plaindre. C'était le cas d'un de ces élans de miséricorde et de ces pardons généreux qui sont, pour les ménages, comme l'épreuve du feu pour l'acier. Dame Yolande, que toutes ses amies blâmèrent d'ailleurs, elles qui n'avaient rien perdu à ce méfait, manqua de cette habileté qui eût mis, pour jamais, son époux à sa discrétion. Vainement lui cita-t-on l'exemple d'une autre qui, ayant surpris son mari avec une servante, le tint en tyrannie tout le reste de sa vie en le menaçant de ridiculiser ses amours. Elle ne voulut rien entendre, — notez que je l'en excuse et vois simplement dans cette rigueur l'aveu de sa tendresse pour l'infidèle, — et fit si grand vacarme que ce pauvre Humevessière, qui n'aimait pas la musique, s'en fut à travers champs, comme un fol, oubliant dans le vent son chapeau, reniant ses ancêtres, jurant qu'il s'allait jeter, pour le moins, dans la rivière. Et, de fait, en prit-il le chemin et ne s'arrêta-t-il que sur le bord pour se rappeler qu'il devait, ne fût-ce que par piété filiale, respecter les jours de l'enfant de sa mère. Il se contenta donc de faire des ricochets dans l'eau pour passer le temps, puis de pêcher à la ligne une demi-douzaine de gardons pour son dîner. Car la fâcherie avait eu lieu pendant le potage. Et, tout en se livrant à ces bucoliques occupations, pensa-t-il qu'il ne pouvait accepter d'être mis ainsi hors de chez lui pour un péché qui ne lui eût coûté, à confesse, qu'un acte de contrition.

Le soir venu, conseillé par l'aspect débonnaire de la lune, l'oreille basse toutefois et le reste aussi, à petits pas, que scandait le remords, il reprit le chemin du manoir et en atteignit bientôt le pont-levis, qu'il trouva levé.

— Qui-vive! hurla la sentinelle.

— Votre doux maître, mon ami! répondit-il piteusement.

— Au large! répéta l'homme d'une voix foudroyante.

Et, toujours à la clarté, mais moins débonnaire, de la lune, il vit reluire des couleuvrines à toutes les meurtrières et quarante mousquets pour le moins dont les mèches mettaient des étincelles rouges sur les créneaux. En même temps entendit-il un énorme bruit de ferraille et les chevaux impatients d'une cavalerie piaffer sur le pavé de la cour. Et des voix, se faisant écho, dans le nocturne silence, répétèrent à l'infini : Au large !

— J'aurais bien dû emporter au moins une chemise de nuit, pensa le malheureux Humevessière.

II

Pensant que l'aurore rassérénerait les esprits, il se coucha dans un fossé et attendit patiemment son retour. Mais les clairons le réveillèrent et, blotti dans les hautes herbes, il put vérifier enfin que son manoir était armé en guerre, comme pour soutenir un siège contre les mécréants. Ainsi ne l'avait-on pas vu fortifié et redoutable depuis que les Anglais y avaient été repoussés par un Bernard de la Humevessière, plus héroïque, à vrai dire, que son petit-fils. Car le doux Gontrand ne pensa pas, un seul instant, à réunir ses vassaux, dans la campagne, pour envahir, par la force, sa propre maison ; comme peut-être en aurait-il eu le droit. Ayant mis son mouchoir au bout d'un brin de saule, pour bien faire constater sa qualité de parlementaire, il sortit de sa cachette et tenta d'entrer en négociations avec le concierge du pont-levis. Mais les concierges de ce temps-là étaient déjà impertinents.

Celui-ci l'envoya rudement promener et traita son ancien maître comme le locataire d'un galetas. Un petit mendiant consentit enfin, pris de belle pitié — car le pauvre seigneur n'avait pas un sou à lui donner, — à se charger d'un message pour l'irascible châtelaine. Comme un écureuil il sauta, sans être vu, jusque sur une branche d'où il bondit, comme une balle élastique, dans le préau de la forteresse. Dame Yolande qui, bien que fort irascible, n'était pas méchante au fond, embrassa l'enfant pour son héroïsme, lui bailla un écu d'or et le chargea de répondre à son mari qu'oncques de sa vie il ne remettrait les pieds dans le château.

Ainsi commença le pauvre sire de la Humevessière à passer fort misérablement le temps, errant devant sa porte, toujours gardé à vue par les sentinelles, exécutant vainement les plus touchantes pantomimes pour rentrer en grâce. C'est alors qu'ayant laissé pousser sa barbe, pour se rendre méconnaissable, il s'en alla vivre, comme un paysan, dans un village voisin, n'ayant pour toute distraction que la lecture d'un volume d'Homère qu'il comprenait d'ailleurs, dans le texte, étant bon érudit. Et je vous dirai qu'il trouva une consolation infinie dans les admirables vers de l'*Iliade*, parce qu'il n'est encore que la poésie pour relever nos âmes aux heures d'abattement. Et c'est pourquoi je l'adore comme la vraie bonne déesse et regrette de ne la servir que si mal, ayant mis toute ma religion en elle et considérant tout le reste comme un pur néant. Or, un jour qu'il lisait comment, par la très naïve mais ingénieuse ruse d'un grand cheval de bois, les Grecs avaient pénétré dans Troie, l'idée subite lui vint que quelque invention pareille le pourrait introduire dans la place dont il était si inhumainement chassé. Un cheval, non. Mais voyez comme rien n'est nouveau sous le soleil ! Le vélocipède — je ne dis pas la fâcheuse bicyclette — venait d'être inventé déjà en ce temps-là. Aidé d'un charron dont il s'était fait l'ami, notre sire de la Humevessière construisit un vélocipède gigantesque, le roula, une belle nuit, jusque sous les murailles du château, aidé de son bon compagnon le faiseur de roues, puis, se juchant au sommet, s'insinua dans une façon de gibecière de cuir, proportionnée aux dimensions du monstre, accrochée à la selle, par derrière, comme nos courriers en font encore aujourd'hui pour mettre leur bagage.

Il n'avait pas compté en vain sur la curiosité féminine. Au petit jour, quand la belliqueuse Yolande passa la revue de sa petite armée sur le rempart, elle n'eut pas plutôt aperçu ce coursier mécanique et gigantesque, qu'elle en fut uniquement préoccupée. Elle avait ouï parler de cette invention et avait toujours eu envie d'en posséder un échantillon pour son usage. Vous croyez peut-être qu'elle se demanda un seul instant comment ce meuble avait été transporté là? Point. Les femmes n'ont pas de ces exigences de logique. Elle imagina que c'était une surprise, un présent de quelque seigneur voisin qui voulait profiter de l'absence de son mari pour lui faire la cour et, pleine de sentiments de vengeance, elle en fut intérieurement flattée. Donc elle ordonna qu'on introduisit le vélocipède dans l'enceinte fortifiée, ce qui ne demanda pas moins de vingt hommes vigoureux et de bonne volonté quand il fallut faire remonter au pesant appareil les talus. Puis quand le monstrueux bicycle fut au milieu de la cour d'honneur, avec une échelle qu'elle fit emporter ensuite elle se jucha au sommet sur la selle et tenta de le mettre en branle. Mais il fallut que toute son armée poussât aux roues. En marche, enfin, et un éclair de triomphe au front, elle poussa tout à coup un grand cri. C'était notre sire de la Humevessière qui, ayant passé son bras hors la giberne, lui pinçait affreusement le derrière, en criant sous le cuir : — « Mon pardon, ou je continue ! » — « Jamais! Jamais ! » — Alors il continua. — « Au secours ! à moi ! » Mais je t'en moque ! l'échelle n'était plus là et impossible à ses défenseurs de monter jusqu'à elle. Et le bourreau poursuivait toujours, pinçant de plus belle : — « Mon pardon ou je continue ! » Il pinça si véhémentement, si éperdument, si cruellement qu'elle faillit s'évanouir.

— « Attention ! je mords maintenant ! » continua le misérable. Vaincue par la douleur, l'héroïque Yolande pardonna, et ce fut un touchant spectacle de voir le bon Humevessière, sorti de sa gibecière tout entier et l'accolant, devant tous ses serviteurs, au sommet du vélocipède, en une cordiale et aérienne réconciliation.

Je souhaite que l'exemple serve à tout mari ayant ainsi besoin de pardon.

LA VEILLÉE

LA VEILLÉE

I

En une très sordide maison de la place des Sept-Troubadours, dans le faubourg décrié de Toulouse-la-Romaine, habitait en son temps, et ce n'est pas d'hier, Mariette la Haulmière que les galants avaient fort prisée, durant sa triomphante et joyeuse jeunesse, toute faite de ceintures d'or et non d'un seul moment de bonne renommée, fille folle de son corps, s'il en fut, et d'un corps qui valait bien, ma foi, que celle qui le portait, comme ceux qui le voyaient, perdit la raison. Car la beauté est un poison subtil, dont il est plus doux de mourir que d'aucun autre. Du moins, fut-ce l'avis du divin Raphaël, infiniment plus intéressant que Mathusalem lui-même. En son logis étroit et bas blotti, comme une araignée au centre de sa toile, Mariette la Haulmière avait attendu, mais pas en dormant, je vous le jure, que fortune passât par là. Il n'y était passé que plaisir et vraiment ce n'est pas de cela que je la plaindrai. Donc elle n'avait pas eu un sou de vertu et c'était bien pour elle, entre autres pécheresses, que, tous les ans, à Pâques fleuries, Monseigneur l'archevêque de Toulouse, les mains rayonnantes de l'encensoir d'or, mitré sous le haut dais de velours, dans la pluie de roses que secouaient sous ses pas les enfants de chœur, salué par le vol azuré des encensoirs, par les chemins tendus de draps blancs, où frissonnaient de petits bouquets, suivi de l'immense foule marmottant des litanies, très vénérable et les cheveux d'argent débordant la chasuble brodée, était venu apporter, dans cette banlieue mal famée, les miséricordes infinies et les absolutions de l'Agneau sans tache qui mourut pour sauver les plus pervers et les plus méprisés d'entre nous. Mariette la Haulmière ! ainsi l'avaient surnommée les clercs, hommes d'armes et basochiens, pour la coiffure qu'elle portait, sur ses admirables cheveux noirs de Latine échappée des lupanars antiques, au temps de ses folies dont tant d'autres avaient été heureux. Car c'est plaisir exquis de bourgeois bedonnant, cruel et ambitieux, que mépriser ces pauvres filles en leur douloureux déclin, qui ont vendu, si bon marché, un peu d'idéal et d'infini à leur jeunesse oubliée. Las! c'est sur un grabat que nous retrouvons celle-là, dans une chambre froide, suant les rosées brûlantes de l'agonie, les doigts déjà raidis par la mort, et pelotonnant nerveusement, comme ceux qui vont partir, la toile grossière de sa misérable couche. Ah! non! ce n'avait pas été une vertu! Ç'avait même été la plus franche débauchée du quartier malséant qu'elle habitait. Combien avaient tenu, dans leurs bras, ces chairs jadis roses et blanches, maintenant jaunes, ridées et flétries! Combien avaient mis leurs lèvres ardentes à cette bouche autrefois purpurine et souriante, aujourd'hui râlante et édentée! Combien l'avaient appelée : mon amour! qui maintenant se détournaient d'elle! Combien avaient mis à ses pieds l'argent acquis ou volé qui, hier, lui auraient refusé un morceau de pain! Car elle avait été, tout comme une autre, la fille rapace qui aime l'or, mais simplement pour le laisser couler, entre ses ongles, comme un Pactole, non pour en faire de sages épargnes. Aussi la vieilless était-elle venue, toujours inexorable, mais plus cruelle encore par la compagnie du dénuement. Un à un, les oripeaux qui la rendaient si fière et affolaient les cavaliers autour de sa beauté, étaient passés aux mains des juifs crasseux, et ses bijoux, rachetés à vil prix, pendaient aux bras et aux oreilles d'autres filles qui ne les garderaient pas davantage. Car la débauche a des héritages qui se transmettent ainsi, de générations en générations, patrimoine somptueux mais fragile de toutes celles qui ne pensent pas à l'avenir. Ainsi Mariette, plus pauvre que Job qui, au moins, a donné son nom à un papier à cigarettes, et pour de moins nobles infirmités certainement, s'apprêtait à exhaler, sous un toit béant et vide, aux ais branlants comme sa propre tête, une âme qui n'avait guère cessé d'être au diable, à en juger par les œuvres peu édifiantes de sa vie.

II

Auprès de son lit, guettant ses dernières convulsions, avec une curiosité sans vraie douleur, étaient venues des compagnes de sa jeunesse, vieilles et décrépites comme elle et qui n'avaient pas plus saintement vécu : Jehanne Corbeau, qu'on appelait ainsi parce que ses cheveux avaient été noirs comme la nuit avant d'être blancs comme une aube d'hiver ; Isabeau la Flave, dont une véritable toison d'or baignait les épaules aux rondeurs maintenant abolies ; Germaine la Moufflue, dont l'appétissant embonpoint avait jadis damné les jouvenceaux et dont les os grinçaient maintenant comme des girouettes rouillées : toutes joyeuses filles de la bohème d'antan, triste troupeau que le temps poussait, à grands coups de fouet, vers la tombe banale qu'aucun souvenir ne fleurit.

Cependant, quand le prêtre était venu dire à l'agonisante les mots consolants du pardon suprême et toucher, avec les huiles saintes, son front inondé et ses chevilles frissonnantes, elles s'étaient agenouillées, avec une extraordinaire ferveur, poussant des lamentations à fendre les murailles déjà délabrées, exhalant des : hélas ! des : Seigneur ! des : hi ! des : ha ! à faire miauler de jalousie tous les matous du quartier. Mariette, elle, semblait prier, et l'homme de Dieu dut partir, espérant qu'une grâce tardive était venue à cette grande pécheresse, et qu'un purgatoire très sortable allait s'ouvrir devant ses sincères remords. C'était au temps où tous croyaient à la légende touchante de Madeleine repentie. Mais dès qu'il fut sorti, les : hélas ! les : Seigneur ! les : hi ! les : ha ! rentrèrent dans toutes les mâchoires aux crocs flottants, et les trois vieilles, trouvant que leur amie mettait un temps indiscret à mourir, allèrent s'asseoir auprès du feu, se contentant de jeter, de temps en temps, un regard sur la couche où celle-ci haletait dans les affres suprêmes, simple histoire de savoir si on pourrait aller se coucher bientôt. Mais Mariette avait toujours été d'une nature personnelle, d'un tempérament égoïste, tout à fait incapable de hâter, par complaisance, même son trépas. Ce n'est pas tous les jours qu'on rend l'âme, et elle s'en donnait de s'en aller *ad patres* à son aise, à petits pas, en vraie flâneuse et sans s'occuper un instant des commodités de ses voisines.

III

Cependant celles-ci, qui commençaient à en avoir assez, causaient à demi-voix pour se distraire, dans la rougeur tremblotante de la haute cheminée.

— Vous rappelez-vous, disait Jehanne Corbeau, le joli clerc que cette mâtine de Mariette avait essayé de me voler? Car elle n'était pas autrement délicate et bonne camarade! Il est devenu conseiller et gros comme un muid. Je n'en voudrais pas pour la bénédiction du Saint-Père! Car, si j'ai changé d'âge, je n'ai pas changé de goût. Le seul homme qui me puisse plaire est taillé sur le patron: blond avec des yeux bleus, mince, l'air mélancolique, rêveur et ne parlant que de choses éthérées. J'adore l'homme qui me fait pleurer; n'êtes-vous pas de mon goût, Isabeau?

— Moi? pas le moins du monde! répondit la Flave de sa voix de crécelle; je n'ai jamais aimé que les lurons. Vous savez bien ce marchand de draps à qui cette effrontée de Mariette s'avisait de faire les yeux doux — car maintenant qu'elle ne peut plus nous entendre, nous pouvons dire que c'était une vraie peste que cette fille-là — eh bien, c'était mon idéal. Pas bien grand, voire petit même, l'air peu distingué, commun, si vous y tenez, manquant d'élégance, mal fait au demeurant, mais toujours quelque histoire joyeuse sur les lèvres ou quelque belle chanson. Buvant sec, riant aux larmes, se moquant de tout. J'adore l'homme qui me fait rire. Je suis certaine que Germaine pense absolument comme moi.

— C'est en quoi vous vous trompez, ma belle, riposta la Moufflue. Je n'aime l'homme ni haut et languissant comme le saule cher à Jehanne, ni bas ni rabougri comme un sabot, comme vous le souhaitez.

— Comment vous le faut-il donc, ma commère?

— Je vais vous le dire. Vous n'avez pas oublié le bel homme d'armes dont Mariette — Dieu ait son âme tout à l'heure, mais la sale créature que c'était! — avait tenté la conquête sous mon propre nez? Six pieds de taille, une poitrine large comme un rempart de ville, des bras à briser un chêne en l'étreignant, des jambes à faire vingt lieues sans fatigue, bête comme une oie mais aimant la femme comme une bête, stupide dans la passion mais insatiable et convaincu, ne vous laissant le temps ni de pleurer ni de rire. Voilà ce qu'il y a encore de mieux.

— Elle a raison! murmura une voix hoquetante dont le timbre, extra-humain, sonna comme une volée de glas aux oreilles des vieilles épouvantées. Car ces mots étaient sortis de la couche de Mariette et un grand soupir les suivit, que suivit, lui-même, un grand silence.

Alors Isabeau la Flave, Jehanne Corbeau et Germaine la Moufflue, terrifiées, se levèrent et sur la pointe des pieds s'avancèrent vers le lit dont aucun souffle n'indiquait plus la place. Mariette, immobile, semblait y dormir la bouche ouverte, les yeux grands ouverts.

C'était son âme immortelle qui était partie avec cette remarque où se résumaient les études consciencieuses d'une vie tout entière.

— Avez-vous entendu la rosse! dirent Isabeau la Flave, Jehanne Corbeau et Germaine la Moufflue en même temps. Et, se signant, elles posèrent la bougie près du lit, versèrent, dans une assiette ébréchée, un peu d'eau bénite que le prêtre avait laissée, et, l'en ayant aspergée avec un débris de balai, s'en furent manger, en goguenardant, un grand plat de châtaignes qui les firent péter comme de vieux roussins.

SAINT THOMAS GALANT

SAINT THOMAS GALANT

I

— Oui, mes enfants, fit avec vivacité le commandant Proutmisch, c'est nous qui sommes les barbares et non pas ces peuples lointains dont nous raillons les sages coutumes. Voyez les femmes de la tribu des Ouled-Naïb, lesquelles peuvent être citées pour leur beauté, jamais elles ne se marient sans avoir gagné leur dot par de nombreux voyages sous les tentes des étrangers.

— Quelle horreur! fit la jolie madame des Engrumelles, en ramenant sur ses yeux sa petite main gantée de suède.

— Ce sont des épouses modèles. Mais je vais prendre un autre exemple chez un peuple dont nous admirons justement la civilisation raffinée et le goût artistique. Au Japon, où nous prenons maintenant nos maîtres, en peinture, en décoration, en œuvres sculptées, c'est dans les bateaux de fleurs que les jeunes filles qui se destinent au mariage font leur apprentissage et celui qui les épouse est généralement un monsieur qui a eu particulièrement à se louer de leurs services...

— Infamie! s'écria le juge suppléant Poussemol.

— Il n'y a pas un seul cocu au Japon, répliqua vertement le commandant en regardant son interrupteur d'une façon significative. Mais je n'en demande pas tant en France.

— Vous êtes bien bon! reprit madame des Engrumelles.

— Je voudrais seulement que, tandis que tout acquéreur a droit d'examen, voire d'essai sur la marchandise qu'il achète, cheval ou...

— La galante comparaison!

— Je vois avec plaisir que vous l'avez saisie. Je voudrais, dis-je, que lorsque personne n'est obligé de prendre quoi que ce soit, chat en poche, comme on dit...

— De mieux en mieux.

— Vous comprenez trop bien cette fois-ci, madame.., le mari soit obligé de prendre une femme à l'aveuglette, une femme! c'est-à-dire l'être qui sera à jamais, selon les cas, l'ange ou le démon de son foyer.

— Il en était ainsi en Grèce et à Rome, au berceau de nos origines civilisées, fit gravement le juge suppléant Poussemol.

— Vous me la baillez bonne, magistrat de mon cœur ! continua Proutmisch. A Athènes et à Rome, les jeunes filles portaient des costumes qui équivalaient à une savante nudité. On savait merveilleusement à quoi s'en tenir sur ce qu'elles cachaient sous la tunique et sous le peplum. Mais avec nos toilettes modernes ! Toute supercherie est possible et nul ne sait ce qu'il épouse. C'est une monstruosité...

— Pas toujours, commandant.

— Oui, les surprises heureuses ! je les crois rares. Une femme qui a quelque chose de joli trouve toujours le moyen de le faire deviner, sinon voir. Mais elle excelle, grâce aux mensonges des couturières, à dissimuler ce qu'elle a de défectueux Eh bien ! mes enfants, ça entre pour beaucoup dans le nombre des mauvais ménages...

— Que vous êtes matériel !

— Pas du tout, madame, ou, du moins, pas plus qu'il ne faut. Mais rien, au monde, en dehors de toute déception de volupté, ne me donnerait confiance dans une personne dont le premier acte, dans nos relations, aurait été de me mettre dedans...

— Cependant le mariage...

— Décidément, madame, vous comprenez plus loin que ma pensée, par une aimable perversion de votre esprit. Je répète que je me méfierais comme de la peste, d'une péronnelle qui m'arriverait sournoisement rembourrée aux bons endroits et se transformerait soudain, sous mes yeux, dans le mystère de la chambre nuptiale, non pas de chrysalide en papillon, mais de papillon en chrysalide, m'enlevant avec son corset, sa tournure et sa chemise, toutes les illusions dont j'aurais vécu, me donnant le ridicule d'avoir adoré et souhaité de baiser en secret du crin, de la bourre et du coton. Il y a de quoi tuer l'amour à jamais dans le cœur d'un homme.

— Le remède, commandant, au mal que vous signalez ?

— Un seul, celui que j'ai adopté pour moi, le célibat.

— Ah çà ! mon cher monsieur Proutmisch, riposta la jolie madame des Engrumelles, avec une pointe d'impatience, est-ce que vous ne vous êtes jamais aperçu que les demoiselles que vous honoriez de votre confiance en dehors des saints nœuds du mariage, s'avantageaient plus encore, par la toilette, que les jeunes filles du monde, dans le but évident de tromper la clientèle ?

— Parfaitement, mais j'ai le droit de tâter avant et j'en use. Et puis, ce n'est pas pour la vie. J'espère être plus heureux une autre fois. Mais vous ne dites rien, monseigneur Silvestre ?

Ce dernier mot s'adressait à moi qui, en effet, avais écouté en silence ces menus propos.

— Moi, mon cher commandant, répondis-je, j'ai connu, à Toulouse, un gaillard qui avait tourné la difficulté bien plus ingénieusement que vous et, si vous le voulez bien, je vais vous raconter comment.

II

L'ancien avocat Cantegril avait résolu de se marier sur le tard. Ayant une grande expérience de la vie, il savait parfaitement qu'il serait cocu, mais il savait aussi qu'il y a des femmes infidèles qui soignent admirablement les rhumatismes. Notre bonhomme était demeuré paillard et pensait que, pour être toujours trompé au demeurant, mieux vaut l'être par une personne vous ayant donné préalablement de l'agrément. Il voulait donc une femme jeune et jolie pour s'offrir avec elle, sous l'égide des lois, un dernier divertissement. Le roi David avait eu de ces fantaisies. Riche lui-même, Cantegril n'avait pas à chercher la fortune dans cette alliance tardive. Il ne tenait pas non plus à une somme d'instruction considérable chez sa future épouse, pensant comme les gens de sa génération et comme feu Molière d'ailleurs, qui revient si meurtri de Londres, qu'une femme qui sait recoudre les boutons et faire des gobichonnades pour le dessert, en sait toujours assez long. Cantegril ne cherchait donc l'oiseau rare ni dans la noblesse, ni même dans la petite bourgeoisie, mais dans le petit monde des commerçants peu aisés, qui gagnent, cahin-caha, « leur paôvre et paillarde vie », comme dit Rabelais, et où on trouve, sinon dans les transactions, au moins dans les familles, des traditions d'honnêteté. Car on peut fort bien vendre du sucre à faux poids, — surtout depuis qu'il a si ridiculement augmenté de prix que les diabétiques valent leur pesant d'or, — et élever sa fille dans des sentiments de religion et de pureté.

Advint que son choix provisoire tomba sur une jolie mercière du faubourg Saint-Cyprien, à l'enseigne du *Chat qui brode*, une fillette brune pouvant avoir dix-huit ans, pimpante et coquette à l'envi et dont les yeux allumaient des braises à travers les vitres de la devanture, parmi les menus objets étalés. Cantegril, plusieurs fois déjà, était entré dans la boutique pour y faire des achats de peu d'importance. Car il était économe en même temps que prévoyant et déjà quelque peu amoureux. Sous tous les azimuts il avait contemplé l'objet de ses muets désirs, la faisant grimper sur les comptoirs pour lui atteindre des objets haut perchés, dans l'espoir d'apercevoir les jambes un peu plus haut que ses mollets. Il avait laissé tomber ces objets, ensuite, à terre, pour la forcer à se baisser et juger de la souplesse et du rebondi de ses formes. Mais tout cela ne lui suffisait pas. Le saint Thomas qui était en lui demeurait incrédule, non pas qu'il ait eu, un seul instant, la pensée de fourrer le doigt quelque part. C'est moralement que je parle. Il était décidé à en voir plus long que ne le permettaient les jupes obstinément rabattues. Ah! il voulait bien épouser, mais savoir, au moins, ce qu'il épousait! Il était aussi exigeant que vous, commandant Proutmisch, mais je vous le répète, en sa qualité de Toulousain il était infiniment plus malin. Et vous en allez juger.

C'était par une de ces journées très chaudes que nous parcourons, et la jolie mercière était habillée d'une robe très légère, presque blanche avec de petits pois rouges comme des gouttes de sang. Notre précieux Cantegril, entrant avec un gracieux sourire, lui conta qu'il voulait acheter des chemises de nuit pour une de ses nièces qui habitait Lavelanet et faisait venir ses affaires de Toulouse. Histoire de lui faire un cadeau utile. Seulement il tenait à ce que ces chemises aillent très bien. — Impossible de les essayer ici, fit en minaudant la jolie mercière. — Je vous demande pardon, mademoiselle. Ma nièce est justement de la même taille et du même embonpoint que vous... — Monsieur Cantegril, me prenez-vous pour une drôlesse? — Ecoutez-moi donc, ma belle enfant. Je vous demande simplement de passer la chemise sur votre robe, ce qui me permettra de juger très suffisamment, surtout de sa longueur. — Ça, volontiers, monsieur Cantegril! — Et la jolie mercière se glissa dans la chemise, tout en gardant, au-dessous, sa robe légère, presque blanche avec de petits pois rouges comme des gouttes de sang. — Permettez maintenant, continua le fallacieux client, que je voie bien si elle descend assez bas... Et, se courbant, comme pour juger mieux de la longueur de la chemise, il attacha rapidement celle-ci à la robe et aux jupons par devant, au moyen d'une épingle. Puis se relevant, d'un air satisfait :

— A merveille, mademoiselle. Maintenant vous pouvez la retirer.

Rapidement, comme une petite folle, la jolie

mercière voulut faire passer la chemise de nuit par-dessus sa tête ; mais, du même coup, elle enleva robe et jupons, lesquels y tenaient par l'épingle, si bien que notre Cantegril, qui était aux aguets, vit bien plus haut que les genoux, voire jusqu'au nombril de l'innocente.

— Monseigneur...

— Rassurez-vous, madame des Engrumelles. Notre Cantegril fut ravi de son inspection, tellement ravi qu'il demanda sur l'heure la main de la jolie mercière. Ainsi ne lui avait-elle montré que ce qu'il aurait vu, légalement et légitimement, un peu plus tard, ce qui suffit à sauver la morale de cette histoire.

MARIETTE

MARIETTE

I

Une petite bête sauvage, mais le délicieux animal! Souple comme un chat, ébouriffée comme un barbet, légère comme un oiseau, elle était une minuscule zoologie vivante, un Buffon de poche délicieux. Mais déjà la femme perçait en elle, l'être qui semble parler notre langage et qui nous demeure plus *mystérieux*, à lui *tout* seul, que toute la création réunie. A travers ses beaux cheveux fauves toujours rabattus sur son front, ses yeux semblaient deux braises entre les brindilles de bois d'un foyer, et sa bouche mignonne était comme une mûre pendue dans ces branchages. Elle donnait l'impression aussi d'une de ces fleurs que les jardiniers dédaignent, d'un enlacement d'églantine dans un rayon de soleil, éperdument agreste, mais à l'arome troublant déjà. Quinze ans. Oui, elle pouvait bien avoir quinze ans au temps où je me la rappelle le mieux, dans l'épanouissement de cette grâce inconsciente et farouche, garçonnière en diable avec des inconsciences de pudeur, camarade exquis et redoutable de mes vacances d'antan, souvenir qui me reporte à des heures adorables de jeunesse et de timidité. Certes, je n'en étais pas amoureux. Vers les dix-huit ans que j'avais alors moi-même, le désir s'en va plus volontiers aux maturités majestueuses et dodues qu'à des charmes enfantins. Je faisais mes premiers vers pour une vierge qui avait bien la quarantaine, nièce pauvre d'un curé de Paris, mais abondante en rebondissements et dont j'avais une peur terrible en même temps qu'un formidable appétit. Tout le monde, excepté cette personne de poids, me trouvait absolument ridicule. Nonobstant cette grave passion, Mariette ne m'était pas indifférente. Je me sentais frôlé de loin, par elle, quand elle passait dans un tourbillon, comme grisé d'un parfum obscur et très subtil. On ne faisait pas d'ailleurs grande attention à elle dans la maison. La fille d'un garçon jardinier! On s'amusait toutefois de ses reparties aussi vives que les permet une détestable éducation. O petit saint Jean Bouche d'or, comme je rêve aujourd'hui à l'or rouge de ta bouche!

Une petite Fadette de banlieue, avec des perversités innocentes, mais, au fond, la grande naïveté de l'autre et le même amour de nature en un paysage moins beau. Force est, dans la vie, que nous nous fassions à la mesure du décor. J'en sais pour qui le décor n'est jamais assez petit. Ce n'était pas le cas de Mariette. Au temps des antiques idylles et sur les bords de la mer Syracusaine, elle eût été Galatée, sinon Nééré, sœur des Faunesses plutôt que des Hamadryades, agaçant les bergers, puis fuyant sous les saules, éveillant les échos de son rire sonore mêlé aux fanfares muettes que sonnent les cuivres du matin aux confins du ciel. Elle eût été, dans les vendanges, la jeune bacchante qui barbouille de pourpre chaude la barbe blanche de Silène. Dans ce domaine un peu bourgeois de Grandbourg, où je l'ai rencontrée, elle se contentait de grimper aux arbres, comme un écureuil, de bondir à travers les allées comme une biche, de représenter une délicieuse sauvagerie dans un milieu d'une civilisation vieillotte, de mettre un arome de verveine ou d'iris dans cet air qui fleurait la bergamote, et une note de vérité dans ce mensonge innombrablement poli, qui est le fond de la bonne compagnie. Elle ne venait jamais quand on l'appelait. C'était la vierge de Nivelle. En revanche, elle était toujours là quand on ne la cherchait pas, derrière la porte du salon quand le soir on y jouait du clavecin, moins innocemment derrière les bosquets où tous ces demi-vieux échangeaient des confidences quelquefois sentimentales. Car le vieil oncle que j'avais là — tout à fait vieux, lui, par exemple — s'entourait volontiers de parasites entre deux âges qui lui tenaient compagnie à table et qui faisaient son whist le soir. Tout ce monde-là détestait cordialement Mariette qui était l'indiscrétion même et qui, de plus, avait coutume de manger les plus beaux fruits sur l'arbre, ce qui compromettait l'ordinaire de ces bonnes gens. Elle tournerait mal certainement! C'était une petite effrontée. C'était encore une folie de la garder là où était un aussi jeune garçon que moi! Comme ils rageaient quand elle se sauvait, en s'esclaffant, découverte en quelqu'une de ses espiègleries coutumières! Moi, je la regardais passer, comme un éclair, entre les branches et j'avais un frisson vague, en moi, malgré mon élégiaque amour pour la nièce du curé.

Mon oncle, lui, assistait impassible à tout cela, mais bien souvent ses yeux, — je me le rappelle aujourd'hui, — s'arrêtaient sur la petite, les paupières clignotantes et grises se refermant, à demi, comme des ailes sur un œuf, sur une étincelle sournoise, vite éteinte d'ailleurs et comme emportée par un grand souffle de componction. Plus tard m'eût-il fait penser au singe « se contournant comme s'il avait avalé une pilule » de notre divin Rabelais. On eût dit aussi qu'une chanterelle se glissait aux cordes usées de sa voix quand il lui parlait, ne la grondant que des mots et la caressant du timbre de ses paroles. Comme tout cela me revient aujourd'hui! C'est que mon vénérable oncle avait de beaucoup passé l'âge où l'on recherche les femmes mûres, la seconde enfance n'étant qu'un retour très imparfait à la première, ce qui fait qu'on serait tout à fait ridicule de remettre les octogénaires en nourrice. D'autant que les mâtins s'y remettent quelquefois tout seuls ! Toujours est-il que la nature semble avoir établi, en cela comme en beaucoup d'autres choses, un besoin de compensation, une équité de moyenne, laquelle fait que les jeunes vont aux vieilles et que les vieux vont aux jeunes. Il n'est décidément sagesse que pour le milieu de la vie. Mais comme on y demeure peu de temps !

II

C'était un homme probe et dévot que mon oncle. Comme je suis sûr, aujourd'hui que je me souviens, qu'il avait grande envie de la petite, je jurerais que c'était pour le bon motif. Quand elle aurait atteint l'âge nubile, il se serait fait une douce joie de se mésallier, de s'encanailler conjugalement et de nous déshériter tous. Les autres flairaient ça et voilà pourquoi, au fond, ils détestaient autant Mariette. Moi, je ne voyais pas si loin. J'avais raison, ne devant avoir, plus tard, qu'une part très relative dans les libérations posthumes de ma famille. On ne laisse pas volontiers d'argent à un garçon qui fait des vers. Mes arrière-cousins me l'ont prouvé. C'est tout au plus s'ils ne m'ont pas fourré leur malédiction dans leur testament. Pauvre bonhomme! — c'est de mon oncle que je parle — il aurait trouvé ça tout naturel d'infliger son lit à cette pauvre créature. La morale catholique est impitoyable à ce sujet. N'avons-nous pas, dans la Bible, l'exemple de Booz qui est loué d'avoir épousé Ruth?

Le vieillard se croyait superbe et magnanime
D'élever jusqu'à lui la vierge au cœur d'enfant.
— Et Ruth pleurait, pensant que ce serait un crime
De se livrer vivante à ce tombeau vivant!

Le vieillard, dont les nuits seront faites de sommes,
Croyait défendre ainsi la vertu d'un péril.
— Et Ruth pleurait, pensant qu'il est de jeunes hommes
Qui portent haut l'orgueil de leur beau front viril.

Le vieillard, seul debout dans les moissons fauchées,
Contemplait l'avenir avec sérénité.
— Et Ruth pleurait, pensant sous quelles mains séchées
S'effeuillerait la fleur de sa virginité.

Mais d'où me vient cette mélancolie à l'endroit de l'image riante de Mariette qui devait épouser plus tard un brave forgeron dont elle n'eut pas moins de dix enfants, tous des petits sauvageons comme elle, courant débraguettés et déjuponnés par les bois! C'est pour vous montrer ma perspicacité touchant les obscurs desseins de mon oncle, perspicacité rétrospective et dont ma mémoire seule a tous les honneurs.

III

C'était la fête du bonhomme — la dernière fête qu'on lui souhaita, hélas! Le ban et l'arrière-ban de la famille collatérale et des parents familiers avaient été invités à cette solennité. Je vous laisse à penser la tête que fit tout ce monde quand, de l'air le plus naturel du monde, le vieux lui annonça qu'il avait invité aussi Mariette. « Parbleu! avait-il dit, en tapotant, comme un marquis, sa tabatière, cette petite nous fera certainement rire. » Mais la grimace fut plus accentuée encore quand on s'aperçut que, au mépris de toutes les convenances, il avait placé la fille du garçon jardinier auprès de lui. Et le bougre ne leur avait pas tout dit. Il lui avait payé, pour la circonstance, une magnifique toilette sous laquelle elle avait, d'ailleurs, tout l'aspect d'un chien savant. Je vois encore son entrée, rouge comme une pivoine, gauche comme un collégien, guindée et gênée dans ses habits trop étroits.

Ah! qu'elle était plus jolie avec son jupon déchiré, sa chemise largement ouverte, ses cheveux en désarroi sur les mièvreries adolescentes de ses épaules bistrées, la frimousse barbouillée de fruits cueillis aux haies, pétulante comme un cabri dans l'herbe, telle que je l'avais toujours vue. Très embarrassée, elle prit sa place où mon oncle la conduisit en lui donnant le bras et en lui tapotant les joues de l'autre main. — « Je veux, lui disait-il, petite, que tout le monde s'amuse aujourd'hui! » Mariette se tut tout le temps du dîner, sa mère lui ayant fait la leçon qu'elle n'accouchât de quelque énormité de langage. En vain le vieux voulait la faire jaser pour entendre sa jolie voix de fauvette. Elle mangeait comme quatre, mais se taisait comme un bataillon de sourds-muets. Alors, mon oncle levant son verre rouge d'un excellent beaujolais : — « Petite Mariette, je bois à toi! » fit-il tout à fait émerillonné. Et Mariette, reculant sa chaise, de se dresser, puis de faire une grande révérence qui fit éclater de rire tout le monde. — « Eh! mignonne, lui dit mon oncle, tout à fait hilare, ce n'était pas la peine de lever le cul si haut! »

Elle lui répondit sur un ton d'ingénuité charmante : « Mon bon maître, c'était pour que vous buviez! »

POUR UN CAPTIF

POUR UN CAPTIF

I

Avez-vous, comme moi, des remords, mes chers camarades Jean Richepin et Marcel Prévost? Votre pensée se porte-t-elle souvent, affreusement mélancolique, vers le martyr que nous avons fait? Sur le voile noir de vos nuits troublées, comme un nouveau : *Mané*, *Thécel*, *Pharès*, lisez-vous ces mots mystérieux : *Ehrenfeld*, *Mauthner*, *Brehmer*, ou sonnent-ils à vos oreilles avec un bruit de chaînes? Mauthner n'en a plus que pour deux mois et

Brehmer a fini sa peine. Mais Ehrenfeld, le pauvre Ehrenfeld, n'en est pas à la moitié de son châtiment. Et c'est nous qui avons causé ce bel ouvrage ! Confessons-nous au moins publiquement, comme le faisaient les premiers chrétiens.

Or donc sachez, lecteurs bénévoles, pour qui nous écrivons de joyeuses histoires, ce que coûtent vos plaisirs aux journalistes étrangers. Le 25 juillet dernier, la cour d'assises de Vienne (Autriche) condamnait, comme de vulgaires malfaiteurs, le directeur, le gérant et un rédacteur du *Jesellschaft*, pour avoir reproduit des nouvelles de nous ; le premier à six mois de prison, le second à quatre et le troisième à un. La peine de M. Ehrenfeld, le directeur, était aggravée d'un *jour de jeûne par mois.*

Ah ! mes amis, vous ne sauriez croire ce que ce *jour de jeûne* me donne de réflexions douloureuses ! Quel est le jour du mois où le malheureux Ehrenfeld est privé de nourriture par notre fait? Je voudrais, moi aussi, me mortifier en même temps. Je ne mange plus, qu'en m'adressant de muets reproches, des perdreaux, des lièvres, toutes les délicieuses venaisons automnales. Quand je pense que pendant ce temps-là peut-être... Et pas moyen d'envoyer, à ce cher et fraternel captif, même un pâté de Tivolier, comme ç'avait été mon intention première. On m'a fait observer qu'il serait certainement mangé par le gardien de la prison et je n'ai aucune envie de truffer ce fonctionnaire. Mais, nom d'un chien, sont-ils bêtes et hypocrites, ces gens-là !

Et nous nous plaignons d'avoir un Bérenger qui remplace insuffisamment son quasi-homonyme, le joyeux chansonnier. Mais ils en ont au moins dix là-bas, puisque c'est un jury qui a condamné nos trois amis inconnus. Ah! que toutes mes idées sont renversées! J'avais toujours rêvé, dans ma jeunesse surtout, un voyage à Vienne dont on m'avait vanté les plaisirs faciles. On se fichait de moi, vraisemblablement, et les femmes doivent être terriblement vertueuses dans un pays où on ne peut pas conter une histoire de cocu sans passer dans les fers l'autre moitié de l'année. Et l'excellent Silvio Pellico nous a appris comment on entendait la captivité en Autriche. Heureux Mauthner, à qui on a rendu la clef des champs! Mais, infortuné Brehmer et plus infortuné encore Ehrenfeld, qu'on fait mourir périodiquement de faim.

Comme ils ont de l'esprit dans cette Triplice! Ah! pauvre Italie, patrie de Boccace et de l'Arétin qui furent les plus admirables conteurs du monde et les plus délicatement licencieux, comme tu dois t'amuser dans la compagnie de ces bourriques allemandes! Tu n'infuseras pas, à tes voisins, ton sel latin, mais tu mourras étouffée par leur verve teutonne, dans le grand bruit de casse-noisette que font leurs lourdes mâchoires en riant, car ils ont toujours l'air de mâcher des noisettes vides. On aurait dû te faire l'affront d'envoyer à Venise, dans les cachots où ont souffert tes derniers enfants dignes de toi, ces martyrs du ridicule autrichien.

Ah! c'est qu'il paraît qu'ils ont là-bas, à Vienne, un procureur général qui n'aime pas notre littérature! Saluons de son nom cacophonique, ce Quesnay des bords du Danube. Vive von Hawlath! il paraît qu'il nous a arrangés, mes camarades Jean Richepin et Marcel Prévost, dans son réquisitoire. Mais remercions aussi le vaillant écrivain qui nous a défendus, avec un admirable talent, dans la *Deutsche Zeitung*, le romancier Hermann Bahr.

Et puisque j'ai résolu de payer ma dette personnelle tout entière, au cas où ce journal parviendrait au prisonnier Ehrenfeld, par quelque stratagème ami, je lui veux dédier, pour le distraire, une histoire pour rire, dans le goût de celles qui ont vraisemblablement le don d'horripiler ses juges, la curieuse légende d'Hermine de Castel-Minet.

II

Donc, en ce temps-là (mettons que ce fut sous le roi Louis le onzième, avant l'institution de l'Académie, pour qu'on ne chicane pas notre orthographe), vivait, dans un antique château de Touraine, une demoiselle dont la beauté n'était égalée que par la vertu. Elle avait alors seize ans, s'appelait naturellement Hermine, et portait sur ses épaules deux traînes d'or clair, faites de sa chevelure. Ses yeux d'un bleu tendre, sa bouche mignonne, les divines fossettes de ses joues, l'éclat lilial de son teint, la glorieuse souplesse de sa taille, l'admirable dessin de ses mains avaient inspiré mille rondels aux poètes et poètereaux des bords de la Loire. Ses parents en étaient fiers à l'envi, deux oies de parents démesurément bêtes et justement estimées de toute leur contrée. Il leur semblait, comme à beaucoup d'ailleurs, que leur fille fût une surhumaine créature, un être séraphique n'ayant de la femme que la grâce. Parbleu! je me demande ce que les anges peuvent avoir de mieux. S'ils ne ressemblent pas aux demoiselles que j'ai fréquentées ici-bas, je ne suis pas pressé d'entrer en leur compagnie. Si les Trônes, les Chérubins et les Dominations sont de simples quintessences, gardez-moi, Seigneur, quelque bon pétard de cette vallée de larmes pour occuper mon éternité. Je veux bien que l'âme de cette Hermine fît jaloux les lys et les colombes, mais enfin je suppose qu'elle était assise sur autre chose. Sans cela je jugerais plus sévèrement encore l'inconvenance commise par l'écuyer Gaspard qui s'était mis en tête de conquérir les faveurs de cette personne immaculée. Et par quels moyens! Par le pouvoir de fleurs magiques dont il possédait le secret. N'allez pas croire, au moins, à quelque sorcellerie. Il s'agit simplement d'un charme tout naturel et de roses dont l'enivrante odeur sollicitait au sommeil. Le drôle en avait observé les propriétés, en regardant les bourdons s'y rouler et s'y endormir, avec des gouttelettes d'or au velours de leur corselet. Donc le drôle en fit un bouquet considérable qu'il fit porter en la chambre de la demoiselle par une admirable soirée d'été, comptant encore, sans doute, pour le succès de son infâme dessein, sur la complicité perverse de la lune et des étoiles, ces éternelles amies des amoureux. Le malheur fut, pour lui, qu'après avoir respiré délicieusement les fleurs, Hermine devina d'où lui venait ce présent; et, comme particulièrement elle détestait l'écuyer, elle ne trouva pas de plus grand signe de mépris à lui donner, en cette occasion, que de jeter ses roses dans le vase au fond duquel les mauvais plaisants seulement dessinent un œil. Après quoi, sous l'influence délicatement vénéneuse des odeurs respirées, elle s'endormit, adorable à voir dans l'éclat lilial de la chair. Car la pudeur s'était assoupie en elle, la première: c'était dans une chemise largement ouverte et hautement retroussée qu'elle reposait.

C'est ce que cette canaille de Gaspard attendait. Par la croisée entr'ouverte, il se glissa jusque dans la chambre de sa belle, mais ce fut pas sans que l'effort qu'il fit pour cela ne se traduisit par une belle pétarade incongrue qui, bruyamment, lui sortit du haut-de-chausse, avant qu'il eût le temps de la retenir. Hermine n'en fut pas réveillée, mais ses parents, dont la chambre n'était séparée de la sienne que par une mince cloison, sursautèrent à ce vacarme diabolique. Et, cuidant que leur fille fût incommodée, on entendit immédiatement leurs pantoufles traîner sur le parquet. La situation était critique pour l'écuyer. Une idée de génie fort heureusement le secourut. Profitant de l'état léthargique où Hermine était encore, mais qui n'allait pas jusqu'à lui rendre les membres inflexibles, il l'installa résolument sur le vase désigné plus haut, et se blottit lui-même dans un coin où il ne pouvait être vu.

Les vieux entrèrent, avec des bougeoirs dont la cire s'éplorait, et traînant toujours leurs vénérables savates. Vite, ils coururent à leur fille, et, la voyant insensible en cet état, la soulevèrent pour la replacer sur son lit. Mais ce ne fut pas sans avoir poussé un cri de surprise en se signant de la main qui leur restait libre. Un miracle évident confirmait l'opinion qu'ils avaient de la nature purement séraphique d'Hermine. Que penser autrement d'une jeune fille chez qui la colique fait épanouir des roses, et dont le derrière n'est qu'un fertile jardin ! Si vous assistiez vous-même à un phénomène pareil, il est vraisemblable que vous n'oseriez plus être familier avec une personne aussi différente du reste de l'humanité.

III

Hermine, elle-même, alors que ce long sommeil avait aboli la mémoire, ne put éclairer la crédulité de ses parents. Il ne lui déplaisait pas d'ailleurs de croire qu'elle avait été l'objet d'un miracle. Quant à l'écuyer Gaspard, sa frousse avait été telle qu'il ne s'était rendu compte de rien. On manda le chapelain du château qui, après avoir consulté saint Thomas, déclara que rien n'était plus vraisemblable et que c'était la pureté d'âme d'Hermine qui lui avait valu cette faveur, particulièrement flatteuse, du ciel. Bientôt tout le pays sut que mademoiselle de Castel-Minet avait un parterre sous ses cottes. Le vieux marquis des Ratières, qui habitait une tour voisine, écouta l'histoire avec une particulière attention. C'était un horticulteur enragé et qui, jusque-là, avait cru posséder toutes les variétés de roses. Celle-là seulement lui manquait. Le concours régional approchait et le marquis était ambitieux. Comment obtenir de quoi faire une bouture seulement de cette espèce miraculeuse? Le vieux gentilhomme eut une idée infernale. Il invita toute la famille Castel-Minet à un grand déjeuner que devait suivre une promenade dans les bois. N'osa-t-il pas mêler au potage de l'innocente Hermine une poudre laxative à longue portée qui ne devait faire son effet que quelques heures après? Tout cela était si bien calculé qu'au moment même de la promenade où le purgatif devait opérer, on se trouvait près d'un petit bosquet que le croquant avait aménagé de façon à tenter immédiatement le regard anxieux d'Hermine. Là, parmi les hautes herbes, il avait caché son chapeau, la coiffe et les bords en l'air, en sorte que le bouquet dût tomber inévitablement au fond. Cela réussit à souhait. Il n'y en eut rien au dehors. Mais quel bouquet, mes amis, et quelles roses! Au moment où, sournoisement, le poseur de chapeau allait relever son piège, une guêpe le piqua à l'occiput. Instinctivement, il saisit son chapeau pour la chasser, le renversant dans un mouvement brusque et se coiffa d'un massif qui le fit éternuer déplorablement, et où vous auriez cherché vainement les Paul-Néron et les Capitaine-Cristi de l'avenir. Il était furieux. Moi, j'aurais mieux aimé que cela arrivât à cette canaille de Gaspard.

CONTE INDIEN

CONTE INDIEN

I

Et le roi indien Debechlim, à la chevelure plus sombre que nos airelles, étant moelleusement étendu sur ses coussins brodés d'éléphants d'or avec des yeux d'émeraude, le docte fabuliste Bidpay, qui n'était pourtant qu'un pauvre poète au ventre plat comme une crêpe, lui conta, pour le divertir, cet apologue, cependant que les deux plus habiles sténographes de la cour en traçaient les moindres paroles dont j'ai la traduction fidèle sous les yeux. Certes, pour bien goûter, madame, le charme de ce conte exotique, il vous faudrait, comme au puissant monarque, le rythmique balancement de palmes embaumées au-dessus de votre front, la musique lointaine des danses s'éloignant sous l'épaisseur ensoleillée des feuillages, le ciel d'or roulant un fleuve de rubis à l'horizon, toutes les splendeurs de la nature orientale.

Somptuosité persane et papale,
Héliogabale et Sardanapale,

comme dit le poète Paul Verlaine dans un de ses contes saturniens. Tout ce que peut faire mon amour ingénieux pour remplacer cet admirable décor, c'est d'ouvrir toute grande la fenêtre sur la mélancolie de nos couchants d'automne, d'exécuter devant vous une vague pyrrhique en caleçon, et de vous éventer avec un bon article de Sarcey. Et, cependant, vos cheveux sont plus noirs encore que ceux du roi indien Debechlim, et toute son opulente personne de radjah ne vaut pas un reflet de la nacre rose de l'ongle de votre orteil. La moindre de vos grâces efface toutes les fastuosités de ce prince prétentieux; et, de mon côté, j'ai sous ma gauche mamelle — et sous la droite aussi — un abdomen autrement confortable que le grave fabuliste Bidpay. Les femmes m'ont surnommé, pour ma générosité : Armand le Magnifique, et mes hommages, adressés plus haut, valent bien ceux que ce famélique déposait aux pieds du maître, en tremblant.

Et maintenant, lisez ce que les deux plus habiles sténographes de la cour ont transcrit pour vous.

II

La veuve Câlidâsa avait été une femme renommée pour sa fortune et pour sa vertu, et son époux était descendu dans la tombe aussi peu cocu qu'on puisse être ici-bas. Elle l'avait pleuré avec de belles et franches larmes, avait juré fidélité à ses cendres et avait tenu son serment, bien que belle encore à l'époque où cet imbécile avait trépassé. Depuis, elle avait vieilli, comme toutes les autres, mais en gardant comme une empreinte de sa beauté passée, quelque chose comme le parfum qui survit aux fleurs. Son caractère, loin de s'affaiblir, s'était affirmé dans ses traits principaux dont le plus saillant était l'exclusivisme de ses affections qu'elle poussait jusqu'à la jalousie. Ainsi, depuis la mort de son défunt, toute sa tendresse s'était-elle reportée sur sa servante Niti qu'elle avait élevée et sur son chat, Akbar, qu'elle adorait, comme une Egyptienne, d'une superstitieuse affection. Le fait est qu'Akbar, avec ses grandes prunelles vertes étoilées d'or insondablement profondes, la troublante et prophétique placidité de ses poses, le reflet phosphorescent de son épaisse fourrure, l'insolence dédaigneuse de ses longues moustaches, avait tout l'air d'un génie mystérieux présidant aux destinées de ses propres maîtres, d'un hôte fantastique, d'un sphinx inquiétant. Ses miaulements aussi, qu'exhalaient ses mâchoires en s'ouvrant comme deux pétales de rose, avaient une solennité d'oracles. La veuve passait des heures entières à le regarder; elle l'interrogeait dans les cas difficiles. Elle quêtait l'approbation ou le reproche de son regard quand elle avait osé agir sans le consulter.

Tout autre était la nature de son affection pour Niti, aussi blanche dans sa pâleur ambrée d'Indienne que noir était Akbar dans son poil toujours frémissant. Et douce, la jolie créature dont les grands yeux s'allongeaient en olives, n'étant aussi qu'un frémissement de velours, sous l'ombre palpitante des cils; dont les dents semblaient de petites amandes dans la saveur humide des lèvres framboisées; dont la taille souple se pliait toute seule et instinctive aux plus voluptueuses ondulations; dont la belle croupe virginale tendait à les faire craquer les étoffes légères qui en baisaient l'épiderme légèrement doré : un vrai poème de chair jeune et immaculée de charmes tout ensemble ingénus et provocants. Câlidâsa avait, pour cette enfant, une idolâtrie dominatrice. Elle se croyait destinée à veiller sur Niti comme Akbar à veiller sur elle-même. Ainsi établissait-elle, dans ses tendresses, une échelle de protections, dont son chat occupait le plus haut degré, étant une façon de dieu, et sa servante le dernier. Placée au milieu, elle se trouvait parfaitement heureuse, ayant de quoi satisfaire le double besoin, qui est en nous, d'accepter et de donner, de dominer et d'être dominé, de commander et de servir. Cet équilibre est l'essentielle condition du bonheur.

Mais est-il un bonheur durable ici-bas?

En fût-il un, l'amour y mettrait ordre bien vite. Du même coup, Akbar, dont les sens avaient lentement mûri, était devenu coureur comme un vicaire de banlieue et Niti avait inspiré une passion malheureusement partagée au jeune Barhavi qui n'avait ni sou ni maille, mais qui remplaçait mailles et sous par une extrême bonne volonté dans le déduict, comme disaient nos aïeux. Plus bronzé de peau que Niti, mais avec de beaux reliefs de bronze très pâle, une grande langueur aux yeux, une belle flamme rouge aux lèvres.

III

La vie de la pauvre veuve devint rapidement un supplice. Akbar ne rentrait pas ou bien rentrait avec une échine tellement vacillante qu'il le fallait frictionner pour qu'il pût se pelotonner et dormir le lourd sommeil de la débauche repue. Niti demeurait, en apparence, fidèle aux devoirs de son service, mais elle y apportait une langueur et un dégoût visibles, tenant à peine sur ses jambes, quand elle revenait de quelque course prolongée dans un bout de conférence avec Barhavi. On les rencontrait maintenant plus souvent dans le sentier menant au petit bois que sur la grande route conduisant au marché. Elle avait toujours dans sa poitrine des fleurs qu'elle baisait quand on ne la regardait pas. Et une inguérissable rêverie habitait ses yeux au regard reployé sur soi-même, ses yeux qui semblaient nager dans un grand lac d'azur sombre. Ses lèvres avaient légèrement épaissi, tuméfiées par quelque invisible meurtrissure, et l'inflexion de ses hanches avait pris un rythme plus cambré, dont les saillies postérieures et constamment frémissantes s'étaient exagérées. Parfois, elle respirait par spasmes, comme si l'air lui manquait. Peut-être était-elle plus belle encore qu'au temps des candeurs évanouies.

Câlidâsa, qui n'était pas une sotte, et qui savait que ce torrent des choses ne se saurait remonter, tentait au moins d'en enrayer le cours par des efforts dont elle sentait bien, au fond, l'inutilité. Elle avait cherché, pour Akbar, un dérivatif à l'amour dans la gourmandise. Mais elle eut beau truffer son mou, Akbar n'en courut pas moins le joyeux guilledou des toits en goguettes nocturnes. Je dois rendre à la veuve cette justice qu'elle ne pensa pas, un seul moment, à couper le mal « dans sa racine », comme disait spirituellement le professeur Fulbert. Akbar put continuer à... dormir sur ses deux... oreilles, dirai-je pour parler aussi honnêtement que le prosecteur d'Abélard.

Quant à Niti, les allusions les plus discrètes lui furent prodiguées, mais aussi inutilement. Toutes les histoires de filles trahies par leurs amants la laissèrent parfaitement calme. Elle ne les écoutait même pas, pensant, pendant qu'on les lui contait, à son Barhavi. Vous me direz qu'il restait à sa maîtresse la ressource de la flanquer à la porte. Mais voilà justement où vous méconnaissez le cœur humain dans ses plus sublimes faiblesses. C'est tout ce que Câlidâsa craignait le plus au monde, que Niti la laissât seule, et ce sentiment rendait la veuve horriblement timide pour réprimander sa servante. C'est au point que Niti, qui avait l'impression de cette peur, s'encouragea à se gêner de moins en moins. Elle ne prit plus la peine d'aller jusqu'au petit bois dont la mousse était quelquefois mouillée et ce fut Barhavi qui lui rendit ses visites dans sa propre chambre tendue d'une belle natte où les caresses étaient autrement faciles et douces, dans la tiède langueur d'un air tamisé par des stores. Bien que révoltée de cette audace, Câlidâsa ferma encore les yeux, ne pouvant plus se montrer instruite de ce qui se passait sans être obligée, par le souci de sa propre renommée, de chasser honteusement Niti.

De plus en plus enhardi par tant de débonnaireté, Barhavi prit le parti très simple de ne plus s'en aller du tout et de coucher toutes les nuits avec sa bonne amie, sous le toit même de la maîtresse de celle-ci. Et ce leur fut tout d'abord un piment nouveau aux baisers et aux folles caresses que de violer ainsi, dans une maison honnête, les plus saintes lois de l'hospitalité. Parfois Câlidâsa les entendait rire tout bas, — d'elle sans doute — entre deux claquements de chairs qui s'embrassent. Elle en était à la fois indignée, dans sa dignité de matrone, et troublée dans sa continence de recluse qui n'entend plus que l'excitante musique de ces chevauchées d'amour.

Elle en était venue aux limites de la patience, de la colère contenue, et du dégoût résigné.

IV

Câlidâsa, comme la Simèthe théocritienne, tient d'une main, sous les rayons tremblants de la lune, une petite fiole contenant, non pas un philtre d'amour, mais le plus subtil des poisons, le suc mortel d'une plante dont le parfum même, imprudemment respiré, endort pour jamais. De l'autre, elle soutient dans sa hauteur un long roseau, dont un des bouts est à la fois effilé et arrondi. Elle médite certainement quelque action formidable, quelque effroyable vengeance. Car elle hésite et tout son être frémit sous ses longs voiles noirs. Akbar est assis devant elle, droit sur ses pattes de devant autour desquelles vient s'enrouler sa queue dans la pose d'un sphinx, las d'avoir été trop longtemps allongé. Câlidâsa tourne les yeux vers Akbar et les plonge dans les siens. L'implacabilité qu'elle y rencontre la rassure. Aucune pitié n'a tressailli dans la profondeur de ces prunelles d'or. L'oracle a parlé et il approuve. Dans le long roseau dont elle a fermé l'extrémité par un pétale de rose que retient son doigt, la veuve a versé le subtil poison, et, pieds nus, réprimant son souffle, s'avance vers la chambre où reposent Niti et Barhavi, inconscients du péril.

Aux rayons d'argent filtrés par le store où palpite une brise légère, elle choisit l'orientation qui lui convient et penche le long roseau vers le couple entrelacé sur la natte où deux ombres se mêlent dans une buée. Le pétale de rose est tombé en touchant le corps de Barhavi présentant son derrière nu — car c'est dans un clystère que le guette la mort — et la pointe perfide du roseau a déjà pénétré dans l'œil mourant du cyclope naturel que nous portons dans nos culottes, sans éveiller l'amant repu de son délicieux assoupissement. Câlidâsa va précipiter d'un souffle les gouttelettes fatales. Mais Vichnou et Çiva étaient là, sans compter Brahma. Au même instant, la bouche de Niti s'est rapprochée de celle de Barhavi, dans un rêve, et la ferme d'un baiser si fervemment hermétique que Barhavi, se sentant suffoqué, pousse de l'autre côté, et vous envoie dans le tube une pétarade à la soissonnaise par laquelle le poison tout entier est refoulé dans la gorge de la veuve homicide.

Elle tombe sans pousser un cri, et les amants, à peine réveillés par la chute amortie de son corps, n'en reprennent que de plus belle leurs exercices édifiants.

Le docte fabuliste Bidpay, au ventre plat comme une crêpe, en honorant, comme il convient, la conduite de Vichnou et de Çiva, sans compter Brahma, a ajouté, à cette fable, une morale tellement leste, madame, que je vous demanderai la permission de ne vous la dire que sous l'oreiller, quand vous voudrez bien m'en donner l'occasion.

FIN

TABLE DES MATIÈRES

ÉMILE COLIN — IMPRIMERIE DE LAGNY

www.ingramcontent.com/pod-product-compliance
Lightning Source LLC
LaVergne TN
LVHW020543230826
846091LV00002B/367

* 9 7 8 2 0 1 9 6 9 6 3 2 0 *